新媒体环境下图书馆业务培训教程

图书馆利用基础

蔡莉静　主编

海洋出版社

2013年·北京

内容简介

本书介绍了图书馆学基础知识，包括图书馆学研究对象、图书馆学基础理论、图书馆的产生和发展、图书馆职能等。在此基础上，围绕图书馆各类资源，从图书馆学和文献学的角度进行详细论述。从传统图书馆的基本服务为起点，循序渐进地介绍了图书馆各种资源的使用方法，结合当今社会信息膨胀的特点，以高校图书馆为具体案例，介绍了图书馆馆藏目录的检索，以帮助读者在浩如烟海的信息资源中方便快捷地找到所需的文献，从而更好地利用回国。本书是非图书馆专业的图书馆馆员的入门参考书。

图书在版编目（CIP）数据

图书馆利用基础/蔡莉静主编. —北京：海洋出版社，2013.8
新媒体环境下图书馆业务培训教程
ISBN 978-7-5027-8596-3

Ⅰ.①图… Ⅱ.①蔡… Ⅲ.①图书馆学-业务培训-教材 Ⅳ.①G250

中国版本图书馆 CIP 数据核字（2013）第 141328 号

责任编辑：杨海萍
责任印制：赵麟苏
海洋出版社 出版发行
http://www.oceanpress.com.cn
北京市海淀区大慧寺路 8 号 邮编：100081
北京旺都印务有限公司印刷 新华书店发行所经销
2013 年 8 月第 1 版 2013 年 8 月北京第 1 次印刷
开本：787mm×1092mm 1/16 印张：11.5
字数：209 千字 定价：30.00 元
发行部：62132549 邮购部：68038093 总编室：62114335

《图书馆利用基础》
编委会

编者的话

新媒体是相对于报刊、户外、广播、电视四大传统意义上的媒体而言的，被形象地称为“第五媒体”。新媒体环境的形成得益于网络环境的成熟和日新月异的计算机技术的发展。在新媒体环境下，数字期刊、数字报纸、数字电视、数字电影、数字广播、手机短信、网络、桌面视窗、触摸媒体等逐步走进了千家万户，这就使得图书馆的传统资源优势失去了往日独占鳌头的地位，因为纸质文献已不是用户查找资料、获取信息的唯一途径，作为“信息中心”的图书馆也不再是用户获取信息的首选场所，图书馆的生存与发展受到了新媒体的挑战。图书馆必须要转变观念，创新发展。

但是，不论外部环境如何变化，不论信息载体多么复杂，图书馆基础理论和基本技术仍然是支撑图书馆发展变革的基础。学习和掌握图书馆基础知识，提高为读者服务的基本技能，提升图书馆在新媒体环境下的竞争力等等，这是每个图书馆馆员义不容辞的责任和义务。我们在 2009 年编辑出版了《图书馆馆员学习与岗位培训教程》丛书，为当时各类图书馆的馆员职业培训和学习提供了帮助。在此基础上，针对当前新媒体环境特点，我们编辑了一套《新媒体环境下图书馆业务培训教程》，以满足图书馆业务培训和馆员学习的需要。

这套丛书包括：图书馆利用基础、图书馆基础资源建设、图书馆读者业务工作、图书馆期刊业务与研究、图书馆网络化基础、图书馆参考咨询工作基础、图书馆信息研究与服务。该丛书不仅涵盖了图书馆各项基础业务工作，而且还介绍了图书馆高层次文献信息服务工作，如情报分析与研究、科技查新服务等。本套丛书可以满足图书馆馆员的继续学习和技能培训需求。尽管编者尽最大努力把最新的信息呈现给读者，但是由于网络信息动态更新、毫秒处理的特点，当我们的书出版时也许其中一些内容又有新信息了，但这丝毫不影响该套丛书的参考使用价值，因为图书馆的变化和发展都是以其基础理论和基本知识为依据的。

这套丛书在编写过程中得到了同行专家和图书馆界同仁的鼎力支持和帮助，中国科学院国家科学图书馆的博士生导师初景利教授对本套丛书提出了宝贵意见，在此表示衷心感谢。

该套丛书由蔡莉静策划，编写各册提纲，组织作者编写，并完成了整套书的统稿工作。在此过程中，得到了河北科技大学图书馆和燕山大学图书馆相关领导的支持和帮助，在这里表示诚挚的谢意。

由于编者水平所限，难免书中有疏漏或错误，请广大读者不吝批评指正。

2013 年 6 月

前 言

本书从图书馆学的基础理论和基本概念入手，围绕图书馆学概论、图书馆资源、图书馆服务、图书馆利用、图书馆电子资源及其检索、图书馆联机编目等几个主题进行了介绍，目的是帮助读者方便快捷地利用图书馆。通过这些系统介绍，读者可以了解图书馆学的研究对象、研究内容和研究方法，可以知道图书馆的基本类型和我国各类图书馆的基本职能和任务。本书从传统图书馆的基本服务为起点，循序渐进地介绍了图书馆各种资源的使用方法，结合当今社会信息膨胀的特点，以高校图书馆为具体案例，介绍了图书馆馆藏目录的检索，以帮助读者在浩如烟海的信息资源中方便快捷地找到所需的文献。

本书共分七章：第一章 图书馆学概述、第二章 图书馆资源、第三章 图书馆服务、第四章 图书馆利用、第五章 电子文献资源及其检索技术、第六章 公共联机目录检索、第七章 面向读者的图书馆自动化管理。其中，第一章由蔡莉静编写，第二章、第三章、第四章由马志云编写，第五章、第六章、第七章由张丽娜编写，董素音、穆丽红参加了书稿的审核工作，全书由蔡莉静统稿。

由于水平有限，不妥之处恳请同行和读者批评指正。

编　者

2013 年 6 月

目　次

第一章　图书馆学概述

图书馆学是目前唯一的一门用建筑物命名的学科。

在我国古代没有图书馆学这个名称，但图书馆学的一些知识却早已存在。我国古代藏书楼活动为我国图书馆学的发展积累了大量的有用的经验和材料，这些为我国图书馆学发展奠定了理论基础。图书馆学真正发展成为一门具有完整体系和研究内容的学科还是近代图书馆出现以后。随着社会的进步和科技发展的日新月异，图书馆的形态不断演变，类型不断增多，职能不断发展、深化和完善。

在这一章里，我们将阐述图书馆学的实质性问题：图书馆学研究对象、图书馆学研究内容、图书馆学的相关学科、图书馆学研究方法。

第一节　图书馆学研究对象

“图书馆学”这个专门名词最早由德国图书馆学家马丁·施雷廷格 1807 年提出。1808 ~1829 年，他出版了《图书馆学综合性试用教科书》，使用了“图书馆学”这个概念。并在图书馆学史上第一次全面地探讨了图书馆目录的编制原理。他还非常重视对图书馆员进行专门教育，认为图书馆管理是一门专门的、独特的学科。此后，围绕着“图书馆学”这门近代新学科的理论研究和学术探讨持续不断，代表人物有德国的艾伯特、丹麦的莫尔贝希、英国的帕尼齐和爱德华兹等。

关于“图书馆学”目前国内外从不同的角度有不同的定义，但有一点可以确定：图书馆学是一门不断发展的学科，时代不同，图书馆学的含义也不尽相同。随着社会的进步和科技的发展，图书馆学的定义和实质也不断变化和完善。

图书馆学研究对象是随着社会的发展而发生变化的。概括地说，经过以下几个阶段的演变和发展。

一、整理总和说

早期的图书馆学是以图书整理为研究对象的。如施雷廷格将图书馆学研究内容确定为“符合图书馆目的的整理方面所必要的一切命题的总和。”施氏的观点可以概括为“整理总和说”。

当时德国图书馆学是以图书为研究客体而建立起来的学科（The Science of Books），是整合著述史、书志学（目录学）等形成的“图书馆学”。

二、图书馆管理说

19 世纪下半叶开始，在工业革命推动下，城市壮大、市民阶层扩张。工业生产工人知识技能素质有提高的要求，人们对社会公共知识空间也有着迫切需求。因此，各国公共图书馆应运而生。与此同时，怎样建立、怎样管理图书馆也亟待有一套科学方法，图书馆学的研究从以往侧重于图书资料，逐步转向侧重图书馆，转向以图书馆经营管理为中心。

1859 年，英国的爱德华兹出版了《图书馆纪要》，共两册，其第二册即为《图书馆管理》，对 17－19 世纪以来的图书馆管理经验进行了全面总结。刘国钧在 1934 年出版的《图书馆学要旨》说：“什么是图书馆学？图书馆学便是研究图书馆的组织法、管理法和使用法的学科。”

三、图书馆事业说

20 世纪前期，世界各国的图书馆事业都取得了快速的发展。图书馆事业已成为一个国家、地区的重要文化设施和事业。图书馆学也遇到了一些新研究命题，如馆际互借、图书馆法规制定、馆员队伍培养、藏书协调、图书馆网布局等等。

众多的图书馆学研究者开始将研究视野提升到宏观层面上来。1957 年刘国钧的《什么是图书馆学》指出：“图书馆学所研究的对象就是图书馆事业及其各个组成要素。”图书馆事业有五项组成要素：图书、读者、领导和干部、建筑与设备、工作方法。欲掌握图书馆事业的规律，分别就这五项要素进行深入研究是必需的。

从“整理总和说”到“图书馆事业说”，图书馆学研究对象的根本缺陷在于其未能揭示出图书馆的实质。“图书馆事业”虽然似乎涵盖了图书馆的一切，但它并没有表达出图书馆的本质意义。

1985 年，当时的青年学者张晓林撰文指出：我们有医学，但没有听说有医院学，我们有法学，但没有听说过法院学。图书馆学因缺乏本质层面的追问，它仅是一种机构之学而非普遍社会现象及规律的学问。而研究一种机构是不能称其为科学的。其结果就是把图书馆学的教育就沦为了职业需要的技术训练。张晓林的文章犹如一石击水，在图书馆学界引起强烈反响。

20世纪80年代中期开始，图书馆学研究出现了明显的反思意识，一些学者们力图通过对图书馆学理论基础、研究对象的本质挖掘，来揭示图书馆学深层含义和存在价值。

四、知识集合论

用“还原法”我们可以看到，“Library”一词虽然被人们通常译为“图书馆”，但它的词根是拉丁文“Liber”（书），“Library”的本义是图书资料文库；用“剥笋法”我们可以看到，众多书籍的集合才是构成图书馆的最基本的要素，场所、工作人员等要素都是因书籍集合的需要而派生出来的，它们可简可繁，只有场所、工作人员那不叫图书馆，有了书籍的集合才能称作图书馆。知识集合是古往今来各种形式的图书馆之所以叫做图书馆的最核心、最稳定的因素。

图书馆学的研究对象就是知识集合，研究客体（即所面对的研究现象领域）是客观知识（各种文本知识）、知识集合（图书馆、数据库等）、知识受众（使用各类知识集合的读者）及其相互之间的关系。

研究对象与研究客体是有区别的。研究对象是一门科学所要阐释的本质现象，而研究客体则是与这种本质发生联系的一个现象系统。就一门学科来说，研究客体包含了研究对象，并以其为客体系统的核心。

第二节　图书馆学基础

文献是人类千百年积累的重要财富，也是人类赖以进步和发展的重要物质基础。文献与图书馆的发展紧密相连，是影响图书馆发展的重要因素。为此我们先对其作一些描述。

一、文献的定义

一般地讲，人们将图书以及图书以外的记载信息、知识的载体称之为文献。人类知识的存在形式基本上有三种：其一是存在于人脑中，所以我们可以通过与人的交往得到知识；其二是存在于实物中，这样我们就可以通过研究实物而得到知识；其三是以一定的符号记录在一定的载体上，如刻在甲骨上、铸在铁铜器上、刻在简册上、印在纸上、摄在感光片上、录在唱片上、存储在磁性材料上……。最后一种记录知识的形式就是我们通常说的文献。

对文献这个概念的解释，古今有很大差异。我国“文献”一词，最早见于《论语》，“夏礼吾能言之，杞不足征也；殷礼吾能言之，宋不足征也；文献不足故也。足，则吾能征之矣。”我国南宋哲学家、教育家朱熹解释说：“文，典籍；献，贤也。”典籍指国家重要的典藏和书籍；贤指贤人，即修养高的人。也就是说，我国古代，人们把具有史料价值的书籍称为“文献”。

近百年来，随着科学技术的发展，文献类型越来越复杂。现代的文献，从狭义上讲，专指具有历史保存价值和现实使用价值的书刊文物资料；从广义上讲，原指多种物质资料的知识信息载体，包括纸质型、缩微品、音像制品等。所以，完整地说：凡是人类所获得的知识信息以一定的方式（文字、图表、符号、声频、视频等手段）记载在一定载体（竹简、纸张、胶卷、光盘、磁盘等）上的每一件记录，统称为文献。

文献与人们通常所讲的“图书”是两个有密切联系的不同概念。两者既有相互联系的一面，又有严格区别的另一面。“图书”在我国是一个多义词。目前，图书信息界所使用的“图书”这一概念，主要泛指书籍、期刊、画册等出版物。因此，从内涵看，“图书”显然是包括在“文献”之中的。

如果说信息和知识是人类社会生存和发展的基本因素，那么，文献的交流则是人类社会阔步前进的必不可少的需要。图书馆肩负着文献交流的使命，这是图书馆的基本职能之一。

二、图书馆的定义

什么是图书馆？这个问题似乎非常简单，有人甚至会脱口而出：“图书馆就是借阅图书的地方”。这样的回答不能说错，因为出借图书是图书馆工作的一个重要内容。可是这种回答不是对图书馆所做出的科学定义。因为它没有把“图书馆是什么”这样带有质的规定性的问题表达清楚。要想准确地、科学地回答这个问题，我们必须指出它定义的内涵，找出图书馆的实质——对图书馆质的全面系统的规定，从而形成图书馆的概念。这样，我们才能真正理解图书馆活动的全部内容及其意义，才能真正从理性认识的高度把握图书馆、认识图书馆。

对于图书馆的科学定义，由于认识问题的角度不同，因而表述也不相同。到目前为止，国内外图书馆学者、专家进行了不同的表述，比较有代表性的有以下几种：

法国的《大拉鲁斯百科全书》定义：图书馆的任务是保存各种不同文字写成的、用多种方式表达的人类思想资料，……图书馆收藏各种类别、按一定方法组织起来的图书资料，这些资料用于学习、研究或属于一般信息。《苏联大百科全书》定义：图书馆是组织社会利用出版物的文化教育和科学辅助机关。

图书馆系统地从事收集、保存、宣传和向读者借阅出版物以及进行图书信息工作。《英国百科全书》定义：图书馆是收藏图书并使人们阅读、研究或参考的设施。《美国百科全书》定义：图书馆出现以来，经历了许多世纪，一直担负着三项主要职能：收集、保存和提供资料。图书馆是使书籍及其前身发挥固有潜力的重要工具。日本《图书馆用语词典》定义：图书馆是收集、组织、保存各种图书和其他资料、信息，并根据使用者的要求予以提供的公共性服务机构。

在我国，从20世纪30年代开始就有学者相继探讨过图书馆是什么，并在探讨中不断将图书馆的概念深化、完善。刘国钧先生认为，图书馆乃是搜集人类一切思想与活动之记载为目的，用最科学、最经济的方法保存它们、整理它们，以便社会上的一切人利用的机关。黄宗忠先生在其《图书馆学导论》一书中指出，图书馆是对以信息、知识、科学为内容的图书文献进行搜集、加工、整理、存储、选择、控制、转化和传递，提供给一定的社会读者使用的信息系统。简言之，图书馆是文献信息存储与传递的中心。

吴慰慈先生在其《图书馆概论》中指出，图书馆是收集、整理、保管和利用书刊资料，为一定的社会经济服务的文化教育机构。《图书馆百科全书》将其定义为：图书馆是收集、整理和保存文献信息，并向读者提供利用的科学、文化、教育机构。尽管对图书馆的定义众说纷纭，但从这些解释中我们可以看出有两点是共同的：其一，图书馆是收藏图书资料的地方；其二收藏的图书资料是供人们利用的。综上所述，可以这样回答图书馆是什么：图书馆是收集、整理、存储和利用文献信息，并为社会的政治、经济服务的文化教育机构。这样解释有三层意思：图书馆是科学、教育、文化机构；图书馆是对文献进行收集、整理、存储和开发利用的机构；图书馆是为社会的政治、经济服务的机构。

1. 图书馆是科学、教育、文化机构

科学事业的主体是科学研究，每项科学研究都会产生一系列科研成果。科研成果的传播、科学知识的继承和借鉴，则离不开科学交流。利用文献传播科研成果，是现代图书馆的重要使命之一。所以，图书馆工作是科研活动中不可缺少的重要环节。同时，随着社会的发展，图书馆工作越来越复杂，图书馆员本身就是科学工作者。他们从事着对文献信息的收集、加工、存储和开发。因此，图书馆是科学事业的重要组成部分。图书馆通过传递科学知识及信息对广大人民展开社会教育。它同学校一样，向读者传道、授业、解其疑惑，正如人们常说的，图书馆是一所“没有围墙的大学”，是社会每一个成员终身学习的“社会大学”。列宁曾经说过，图书馆是“各种机关和企业的国民教育中心”，是文化事业的一个组成部分，它是人类文化财富的宝库。

2. 图书馆是对文献进行收集、整理、存储和开发利用的机构

事实上，在人类社会的发展过程中图书馆一直扮演着这样的角色——不断收集、整理古今中外各种文献信息，以其特有的传递手段，将信息和知识传递到社会成员中，供全社会享用。

3. 图书馆是为一定社会的政治、经济服务的机构

图书馆作为一种社会现象，在阶级社会中，它总要受到人为的控制。因此，图书馆不可避免地带有一定的阶级性，为一定的阶级利益服务。以上三个方面是互相联系、互相依存、不可分割的。

图书馆的概念是抽象的，但图书馆的形态则是具体的；图书馆的形态在不断变化，图书馆的概念也在发展、变化，处于不断完善过程中。因此，随着社会的发展和科技的进步，对于图书馆的概念还要进行再认识。

三、图书馆的构成要素

图书馆构成要素随着时代的不同而发生着变化。1912 年陶述先生提出的“图书馆，其要素有三：书籍、馆员和读者。”1932 年杜定友先生认为图书馆有书、人和法三个要素：书是指图书及一切文化记载；人，即阅览者；法：包括设备、管理方法与管理人才。1934 年刘国钧先生提出图书馆有图书、人员、方法和设备四个要素。1957 年他又提出了五要素说，认为图书馆由读者、图书、领导和干部、工作方法、建筑和设备五要素。随着人们对图书馆认识的深化，现在一般认为图书馆是由藏书、人（馆）员、读者、建筑和设备、技术方法和管理六个要素构成。这些要素相互联系、相互结合，构成了图书馆这个发展着的有机体。

1. 藏书

所谓藏书是图书馆所收藏的各种类型的文献总称，既包括传统的印刷型文献，如图书、期刊、科技报告、会议论文、学位论文、专利文献、标准文献等，也包括新型载体的缩微型文献、视听资料和电子出版物等。藏书是图书馆基本要素之一，是图书馆赖以生存和开展各项服务的物质基础。随着社会和科学事业的发展，藏书体系和藏书结构已发生了极大变化，怎样提高藏书系统的输出功能已成为现代图书馆的重要任务之一。

2. 读者

读者是图书馆的服务对象。读者工作是图书馆的一线工作，也是图书馆

其他工作的出发点和归宿。读者指凡是具有利用图书馆文献信息条件的一切社会成员，既可以是个人，也可以是集体。发展读者、研究读者、服务读者是图书馆读者工作的重要内容。读者的存在和需求决定了图书馆服务工作的价值；读者对图书馆的依赖程度，决定了读者服务工作的发展水平。读者不仅是图书馆服务工作的受益者，也是推动服务工作前进的动力和检验服务质量的标尺。

3. 人（馆）员

人（馆）员是指图书馆的工作人员，包括各层次的领导干部、行政管理人员和专业技术人员。他们是图书馆各项工作的管理者和组织者，是使藏书与读者发生关系的媒介，也是使藏书由潜在价值变为现实价值的关键。因此，人（馆）员是构成图书馆系统诸因素中最活跃、最重要的因素。图书馆工作开展的好坏，图书馆社会作用发挥得如何，在很大程度上取决于图书馆人（馆）员的政治素质和业务水平。

4. 技术方法

技术方法是做好图书馆工作的主要手段。图书馆能不能发挥作用，主要决定于人（馆）员能不能掌握正确的技术方法。现代图书馆作为社会知识信息的交流工具，必须以各种物质技术手段、工具和方法作为自己存在的基础。藏书的收集、整理和开发利用的技术方法、读者服务的技术方法、图书馆组织管理的技术方法以及以计算机技术为代表的现代信息技术，构成了图书馆科学的方法系统。这个方法综合地应用于图书馆实践活动中，促使图书馆工作不断向前发展。

5. 建筑与设备

建筑与设备是图书馆开展各项业务工作的必不可少的物质条件，包括馆舍和技术设备、阅读设备、办公设备、水电设备等。图书馆建筑的功能要与图书馆的职能相适应。馆舍建筑如果不能适应工作需要，馆内各种设备不齐全、不符合标准都将阻碍图书馆工作的开展，降低图书馆的社会功能。

6. 图书馆的管理

图书馆的管理就是应用系统论的科学方法，按照图书馆的工作和图书馆事业发展的规律，合理的计划、组织和最大限度地发挥图书馆的人力、物力、财力等各种资源的作用，达到以最少的消耗实现图书馆的既定目标，完成图书馆任务的过程。

图书馆的管理是其工作顺利进行的基础。没有科学管理，必然导致图书馆工作的分散、重复、混乱和浪费。

图书馆的管理是有效利用图书文献资源的需要。在海量信息的当今社会里，图书馆必须对数量庞大、内容复杂的文献信息进行准确的筛选和科学地整理加工，以便及时地将用户所需的信息传递到读者手中。

图书馆的管理是实现图书馆工作现代化的需要。不实行科学管理，就不能提高管理水平，即使有了先进的技术和设备，也不能充分发挥作用。现代化图书馆网络的建设，不仅取决于现代化的技术设备，而且也取决于科学的管理水平。

上述六个要素的相互依存、相互促进，共同构成了统一的图书馆有机整体。

第三节　图书馆的产生及其发展

图书馆是人类生产和社会活动发展到一定阶段的产物。它的产生是人类历史上的一件大事。它从一开始，就与人类的文明紧紧联系在一起，其发展与演变始终是人类文明的标志。

一、图书馆产生的基本条件

1. 文字和文献是图书馆产生的前提

人类在征服自然、改造自然的社会实践中，需要表达思想、沟通信息、交流经验、传递知识，进行多方面的信息交流。没有社会的信息交流，人们就无法进行共同的社会活动，可见这种交流是人类社会得以存在和发展的不可缺少的基本条件。

语言与人及人类社会同时产生。语言是社会交流必需的工具。但是，由于语言自身的局限性，给交流带来了种种不便。其中最主要的是语言一经说出就成为过去，受到时间与空间的极大限制。而且随着社会实践活动的日益扩大和知识积累的日益增多，人们仅凭大脑记忆和口耳相传的原始方法交流信息、积累知识，已难以满足需要了。于是在长期社会实践中，人类从利用原始的“结绳记事”、“契刻记事”等方法帮助记忆和进行信息交流，进而又发展到用图形和符号来表达思想。随着社会的发展和人类思维能力的提高，终于创造出了一种能有效地用来记忆和交流感情的符号——文字。

文字的产生，必然伴随着相应载体的出现。文字与载体的结合，就产生了文献。文献是图书馆赖以产生、存在和发展的物质基础，没有文献，就不会有图书馆。

综上所述可以看出，文字是使人类社会发展到目前程度的必要条件。没有文献，也就没有现代社会的文明。而文字的功用是通过文献体现出来的，文献又是通过图书馆收藏、加工和利用的。所以说，文字和文献是图书馆产生的基础。

2. 社会的需要是图书馆产生的根本原因

文字及文献的产生和发展，大大提高了人类对信息、知识的存储效率。随着人类社会的发展，文献数量日益增多，个人和社会集团都难以靠自身的能力和条件去有效地收藏和利用，因此就产生了新的社会分工，出现了收集、整理、保存各种文献的专职人员，也出现了保存文献的专门场所，这就是最初形态的图书馆，它是作为人类信息、知识的存储装置而出现的。在奴隶社会，由于生产力的低下以及知识垄断于王宫贵族，只有最高的统治者才需要保存文献，也只有最高统治者才有能力保存文献。因此，社会生活对保存文献的需要主要是通过最高统治者去实现的。从考古的情况看，最早的图书馆都出现在王国的首都，而地方的图书馆则是在图书馆事业有了一定的发展之后才出现的。

上述说明，图书馆是人类生存的需要，是社会进化过程中的必然产物。图书馆使人类得以将一个时代积累的经验、知识、思想保存下来，留给后世。所以，图书馆从其诞生之日起就担负着存储与传递人类精神财富的社会职能，没有这样一种社会机构，人类文明的延续和发展是不可能的。

3. 生产力水平的提高是图书馆产生的基本保证

图书馆产生于人类文明的萌芽时期——农业社会，由于生产力的发展，为图书馆的产生提供了必要条件。

随着社会生产力的不断发展，人们创造了越来越丰富的社会财富，从而为图书馆的产生提供了必要的物质基础。图书馆的文献的书写和载体形式以及馆舍和设备等，都是在生产力水平有了一定发展的条件下才出现的。

另外，社会生产力的提高也为图书馆专职人员的出现创造了条件。图书馆活动并不直接创造物质财富，这种精神领域的活动之所以能够产生，只能是在社会生产力有了一定的提高，社会的物质产品除了满足人类维持生存的基本需要之外还有剩余的条件下，部分人能够脱离物质生产劳动去生存，即去从事精神领域的劳动。因此，图书馆专职人员正是在社会需要与生产力发展水平提供可能的条件下产生的。

二、图书馆的发展

1. 影响图书馆发展的因素

首先，社会生产力的发展是图书馆发展的基础。人类社会进步，离开了社会生产力水平的发展，是不可能实现的。生产力的发展是推动社会前进的动力，也为图书馆的发展提供了必要的物质条件。生产力的发展使人们生产出了较之甲骨、铜器、简册、绵帛更为轻便而廉价的纸张、胶片、磁带和光盘等，使文献的生产技术有了巨大的发展，文献的数量也迅猛增长。从古代的藏书楼到现代的图书馆大厦；从图书馆原始的简单而繁杂的手工劳动到图书馆自动化的实现以及电子计算机、光学技术、声像技术和现代通信技术在图书馆的应用等，无一不是与生产力发展紧密相连。因此，图书馆的发展，在很大程度上是由社会生产力的发展水平所决定的，图书馆的发展，是随着人类社会发展的进程而发展的。

其次，科学技术的发展是图书馆发展的基本动力。科学技术作为第一生产力，其发展从一开始就与图书馆有着极为密切的联系。一方面，科学技术的发展有赖于图书馆为其提供前人和当代人的著述及数据；另一方面，科学技术的发展又为图书馆的发展提供了新的文献信息、技术和方法。两者相辅相成，互相促进。

人类知识是历史长河的积累，是一代又一代人在认识和改造社会、改造自然的斗争中历史经验的总结。每一代人都是把前人或别人认识的终点作为自己认识的起点，然后通过自己的再实践获得新的认识，探索出新的成果。科学技术的发展都是在继承前人研究成果的基础上进行的，都是在了解、总结前人的成果的基础上产生的并以此去攀登新的科学高峰。随着科研成果的产生，凝结了人们聪明才智的新的文献又产生出来。所以，人们在利用图书文献进行科学研究和科学技术交流以及传递知识、发明新技术、新成果的同时，又产生了新的文献，使文献数量不断增加，进而促进了图书馆规模的不断扩大。由于科学技术的发展，文献的生产技术也随之改进并有了很大提高。到目前为止，文献的生产技术大致经历了手工抄写、机械印刷、电子传递等过程；记录载体也由自然物体（龟甲、兽骨、石头等）发展到人工物体（泥板、纸等），再发展到电子装置。每经历一个阶段，文献的数量都会随之剧增。尤其是伴随着工业革命而出现的机械化印刷设备，使文献的产生成倍增长。这对于近代图书馆的发展，无疑起到了巨大的推动作用。

在当今信息社会里，由于科学技术的飞速发展，文献的形态也发生了巨大的变化。因而在图书馆的发展进程中，也必然会发生显著的变化，甚至与现实意义上的图书馆完全两样。对于这一点，从现在起，我们就应当有所认识。

再次，信息时代的到来，开拓了图书馆发展的广阔前景。正如预言家们的预言的那样，未来的图书馆将通过互联网通向世界各地的用户。

随着信息时代的到来和知识经济的悄然兴起，“知识”将在社会发展的进程中起到越来越重要的作用。而知识的传播、积累和学习均与图书馆工作紧密相关。图书馆的作用将不断扩展，其任务将更加繁重。此外，数字化和网络化以及互联网的发展，将从根本上推动图书馆现代化的进程，图书馆工作的内容、手段和服务方式都将会发生重大变革。

新技术的革命是以电子计算机的发展和普遍应用为主要标志。电子计算机在图书馆中的应用极大地提高了人类加工、存储和检索文献的能力，现代通信技术的进步又大大拓展了人们获取和传播信息的时空区间，而建立在计算机和通信技术完美结合基础上的电子信息网络则又使人类支配信息的能力在质和量上都出现了革命性的飞跃。我们完全可以把信息网络的迅速扩张称之为一场新的技术革命——网络革命。它将世界从“工业社会”转变为“信息社会”，并将在21世纪下半叶全面进入知识经济时代。

图书馆肩负着人才培养和知识传播等功能，是民众知识化、学习终身化和信息传递现代化的基本阵地之一，在新的时代，图书馆的作用将更加重要。

2. 图书馆发展的特点

图书馆作为人类社会的特殊产物，它一出现就有其自身的发展特点。主要表现在以下几个方面：

（1）就世界范围看，图书馆的发展具有不平衡性

图书馆在数量上的分配是以国家的经济实力和文化水平为基础的。从古至今，凡是发达国家，图书馆的数量就多；反之亦然。

图书馆的最初形成，距今已有3 000年的历史了。但图书馆的发展却极为缓慢。到近代工业革命之后，图书馆才有了突飞猛进的增长，这不过是近百年的历史。图书馆在发展过程中，与社会的政治、经济、科学、文化、教育等有着紧密的联系，并受其制约和影响。

（2）图书馆由封闭式向开放式发展

在古代，图书馆被少数皇家贵族所把持，只为他们提供服务，对社会则是封闭的。而现在，图书馆是对全社会开放的。随着计算机等现代信息技术在图书馆的应用，图书馆收藏形式更加多元化，传递手段实现了网络化，图

书馆的管理也逐步走向现代化，所有这些都大大提高了图书馆的服务能力，使人类的精神财富能够在更广阔的范围内实现资源共享。

(3) 图书馆的职能在不断扩大

随着社会生产力的发展和科学技术的进步，图书馆的职能由最初的收藏图书为主而发展到现在的开发利用信息为主，这就使得图书馆由过去意义上的“藏书楼”而发展成为现在的收集、整理、存储和利用文献信息，并为社会的政治、经济服务的“信息中心”。它担负着进行社会教育的职责，向社会所有成员开放，是社会的教育中心和学习中心，是“没有围墙”的社会大学。图书馆职能的不断扩大，适应了社会需要的不断变化。

(4) 图书馆的发展始终与人类文明的发展同步

图书馆产生于人类文明的萌芽时期——农业社会。在人类文明的形成时期——工业社会，图书馆得到迅猛发展。在人类文明的成熟阶段——信息社会，飞速发展的通信技术、计算机技术、多媒体以及数字技术和网络技术，从根本上改变了图书馆收集、组织、传递和使用信息的方式、方法，同时还将改变图书馆的内部机制、组织结构、内容方式、服务模式乃至于用户的信息需求行为。未来的时代将是各种新型的现代化的图书馆不断出现和发展并形成共存互补的新时代，其发展的最新形式就是数字图书馆。可以说，图书馆的发展已成为现代文明的标志。

3. 图书馆的发展概况

图书馆自产生以来，至今已有3 000年的历史。在这漫长的发展历程中，大体分为三个阶段，即古代图书馆时期、近代图书馆时期、现代图书馆时期。每个阶段的图书馆在形态、特征、职能等方面都各不相同。

(1) 古代图书馆时期

我国是世界四大文明古国之一，历史悠久，文化灿烂。在我国，图书馆的起源可以追溯到公元前13世纪的殷代，那时王室已有了专门保存典籍的地方，可以看做是图书馆的萌芽。秦代，秦始皇在都城咸阳的阿房宫设有专门的藏书机构，并设“柱下史”负责管理。后来，汉武帝下令广泛征集图书，修建藏书馆舍，设立专门官员进行管理。汉成帝时，命陈农四处搜访遗书，藏于“天禄阁”，又命刘向、刘歆整理藏书，编成我国最早的藏书目录——《七略》。它记载了从上古到汉代的藏书，是我国第一次大规模地汇集、整理的图书。到汉代，我国国家图书馆已初具规模。

从三国时期到隋唐五代，随着政治、经济、文化的发展以及印刷术的发明，我国古代图书馆进入了发展时期。三国时，魏、吴、蜀都有国家图书馆，并设有“秘书郎”、“秘书监”等官专门负责管理。晋元帝时，著作郎李充编制了国家藏书目录《四部目录》，正式确立了经、史、子、集的四分法体系。隋文帝统一中国后，下令征集遗书，使分散于民间的典籍得以汇集。唐代，由于政治、经济、文化、科学的发展，促进了图书馆事业的兴盛，藏书机构进一步完善，当时著名的藏书处有弘文馆、崇文馆等。

宋代到清代，是我国古代图书馆的繁荣时期。宋代，雕版印刷术的盛行和活字印刷术的发明，使社会上的书籍和著作得以广泛流传，也促进了图书馆事业的发展。宋代书院兴起，其中江西的“白鹿洞书院”、湖南的“岳麓书院”、河南的“应天书院”和“嵩山书院”被称为当时最著名的四大书院。明成祖时，由解缙负责编纂的《永乐大典》，辑录各种古籍七八千种。乾隆时，广泛收集图书编制而成的《四库全书》及《四库全书总目提要》，是我国古代图书的最大规模的一次汇总。

我国古代图书馆的藏书大致分为四个体系，即官府藏书、书院藏书、私人藏书和寺观藏书。在古代图书馆时期，国外出现图书馆较早的国家有巴比伦、亚述、罗马帝国、埃及、希腊等。

（2）近代图书馆时期

近代图书馆时期的主要标志是公共图书馆的出现。鸦片战争后，我国的封建文化受到西方资产阶级文化的冲击，沿袭了几千年的封建藏书楼渐趋解体，近代图书馆便应运而生并得到发展。1902 年在浙江绍兴创办的古越藏书楼，开始向社会开放。1903 年在武昌成立了我国第一个公共性质的图书馆——武昌文华公书林。接着 1904 年湖北省和湖南省图书馆相继建立。我国国家图书馆——中国国家图书馆的前身京师图书馆也于 1912 年正式对外开放。随后各省纷纷建立图书馆。

总之，此时期的图书馆已由私人占有转向社会化，由封闭式的藏书楼转向公共图书馆。其藏书不再仅仅为达官贵人享用，而向广大公众开放。

图书馆为了满足公众的需要，社会文献存储结构发生了变化，由分散转向联合。联合目录的编制、馆际互借的开始、图书馆网概念的提出、国际图书馆协会联合会的成立，均体现了这种联合的发展趋势。以前分散的藏书点正在形成统一的图书馆体系。图书馆的活动不仅收集、保存文献，更重要的是向大众提供服务，开展为读者服务，因此形成了从采访、分类、编目到流通、阅览、宣传等一整套科学的工作方法。随着图书馆工作体系的扩展和技术方法日臻完善，图书馆学研究和图书馆学教育也相继诞生。

（3）现代图书馆时期

第二次世界大战后，随着科学技术的飞速发展，图书馆进入了新的发展阶段——现代图书馆时期。

现代图书馆以电子计算机技术在图书馆的应用为标志。1954 年计算机曾经应用于图书馆。1966 年，机读目录（MARC）研制成功，从而使图书馆的各项工作发生了翻天覆地的变革。

由于计算机技术在图书馆中的应用，可以对图书馆文献资源进行机械化、自动化处理，从而代替了几千年传统的手工操作技术，大大提高了图书馆的工作效率。由于现代科学技术的引进，声像技术与计算机技术的结合，突破了固有的文献技术水平，也使馆藏资源发生了变化，除传统的印刷型文献外，还收藏缩微品、录音带、录像带等视听资料及磁带、磁盘、光盘等机读型文献。这些文献大大改变和丰富了图书馆藏书载体的成分，导致了传统图书馆形态的改观。

随着图书馆自动化的发展和文献载体的多样化，图书馆工作和服务也在逐步深化。图书馆不仅为读者提供以卷、册为单位的原始文献信息，而且对其所收藏的知识材料进行深加工，满足用户对章、摘要、数据、图表等知识单元的需要，实现图书馆工作的信息化。

现代图书馆时期，馆际之间的联系更加密切，社会文献存储结构进一步完善。各个分散的图书馆组成巨大的图书馆网络，并用现代技术装备将各个存储单位的馆藏文献联合起来，形成有机的社会藏书体系。图书馆组织正向网络化、国际化方向发展，也使国际合作和全球范围的文献资源共享成为可能。

现代图书馆除了延续保存文化典籍、普及科学文化知识、进行社会教育等职能外，还增加了信息的加工、传递、交流以及智力资源的开发等职能。图书馆的作用将越来越大。

第四节　图书馆的性质及其职能

一、图书馆的性质

事物的性质有本质属性和一般属性之分。与其他事物一样，图书馆也具有一般属性和本质属性。

1. 图书馆的一般属性

图书馆是人们在社会实践中创造出来的，是社会科学、文化、教育系统的一个组成部分。因此，它具有其所属系统的一些共性，这些共性就是图书馆的一般属性或称社会属性。图书馆的一般属性主要包括：社会性、学术性、服务性和教育性。

（1）社会性

作为向公众提供文献信息的一种社会机构，图书馆具有明显的社会性。

第一，馆藏文献是人类共同的精神财富，它是人类社会活动的产物。图书馆收藏的文献，是人类征服自然、改造自然和人类社会历史进程的记录，是人类智慧的结晶。因此，它是整个人类社会共同的精神财富。图书馆对这些精神财富具有继承性和传递性。通过图书馆，人类的知识一代又一代地积累起来，继承下去；通过图书馆，文献信息又被广泛地传递和运用，并且这些财富是取之不尽，用之不竭的，从而推动社会创造更多的精神和物质财富。

第二，图书馆的读者具有社会性。图书馆是人们利用文献信息的场所，是信息交流的中心。图书馆系统地收集、存储文献的目的，就是为社会的广大读者提供服务的。图书馆要维护读者使用馆藏文献的权利，指导他们充分利用馆藏文献，满足自己的需要。

第三，图书馆网络化是图书馆社会性的表现，任何一所图书馆都不可能将世界上所有文献收集齐全，也不可能满足所有读者的需要。因此，建立图书馆网络，突破馆际之间、地区之间、国家之间的局限性，提供文献资源的共享，使图书馆具有更广泛的社会性。

（2）学术性

图书馆的学术性表现在以下三个方面：第一，图书馆工作是科学研究的前期劳动，是构成科研能力的主要因素。科学研究是一种社会劳动，它具有明显的连续性和继承性。我们知道，任何一个科学工作者在开始从事某项科研工作时，首先要对所选择的课题进行大量的调研、了解、研究它的历史，目前本学科的国内外研究现状及今后的发展趋势，以此作为选题的依据和进行科学研究的参考。然后通过自己的再认识和探索获得新的成果。这就是以文献调研为主要内容的科研前期准备工作。图书馆系统完整地保存着记载人类智慧的文献信息，是知识信息的存储和开发中心。图书馆为科研工作者的科学劳动提供了条件，是科学劳动的一部分。图书馆对文献信息研究的成果，是直接影响科学研究能力的一个重要因素。

第二，图书馆工作本身具有学术性。我们知道，图书馆工作的对象一是文献信息，二是读者。文献信息是人类知识的结晶；读者是具有一定的文化水平的社会各阶层的人。所以，图书馆工作的学术水平直接影响对文献信息的处理和为读者服务的各个方面。图书馆业务工作的本身也具有学术性。图书馆的各项工作，如图书文献的采购、分类编目、组织管理、流通阅览、参考咨询等，均属于学术性的工作。

第三，图书馆事业正向着现代化迅速发展。现代化图书馆将广泛应用计算机技术、多媒体技术、网络技术和先进的设备，如此众多的先进技术和设备都要靠掌握各种专门知识的图书馆员们去掌握和应用。图书馆要适应科学技术迅猛发展的形势，图书馆工作者就必须不断提高业务素质和技术技能，探索新方法和新途径，广泛深入地进行图书馆学、信息学的研究工作，把研究成果运用到工作实践中去。所有这些均体现了图书馆的学术性。

(3) 服务性

图书馆作为信息产业的组成部分，其服务性十分明显。

第一，图书馆收藏的文献信息的主要目的在于用，图书馆存在的价值也体现在用。图书馆通过对文献信息的收集、整理、传递和使用，将一部分人创造的精神财富传授给另一部分人。

第二，图书馆既然是服务性机构，就要求图书馆工作人员应该具有从事这项服务性工作所需要的广博的科学文化知识和图书馆业务知识，熟悉馆藏、熟悉读者，有良好的职业道德和全心全意为人民服务的奉献精神。只有具备了这些能力，才能不断提高服务质量，积极主动地为读者服务。

第三，由于科学技术和现代教育大规模的发展以及知识文化的普及，社会对图书馆提出了更高的要求。图书馆的网络化又为图书馆服务奠定了物质基础。尤其是现代通信技术在图书馆的广泛运用，为图书馆更快、更准、更方便和更有效地满足社会各种需求提供了现代化的手段。随着图书馆现代化的发展，图书馆服务与活动已迈向国际化、全球化。

(4) 教育性

图书馆是一个社会教育机构。它以丰富的馆藏文献为基础，通过提供文献信息，达到传播科学文化知识，对读者进行教育的目的。早在 1876 年，美国图书馆学家杜威就提出：图书馆是一个学校，图书馆员是广义的老师。

第一，图书馆是对大众进行思想政治教育和科学文化教育的社会机构。图书馆是广大读者自学的场所，也是终身教育的基地。图书馆为读者提供良好的学习环境。读者可以针对自己在工作中遇到的实际问题进行学习。图书馆教育既是学校教育的补充，又是学校教育的继续。

第二，图书馆教育的形式灵活多样。图书馆可以通过文献的推荐宣传、辅导阅读等形式，帮助读者获得所需要的知识和信息。通过举办各种丰富多彩的活动，如学术报告会、读书心得交流会、图书期刊评论会等，激发读者的学习兴趣，获得更好的教育效果。

第三，图书馆的文献收藏涉及范围极为广泛，因此图书馆的教育对象也就十分广泛。凡是一切有能力利用图书馆的社会读者都是它的教育对象。不论读者的年龄、性别、职业、学历有什么差异，都可以在图书馆自学和深造，摄取自己所需要的科学技术和文化知识。

2. 图书馆的本质属性

本质属性是指某类事物必然具有的并与其他各类事物区别开来的属性。图书馆的本质属性应该是图书馆这一领域所特有的，能够将它与其他事物区别开来的。对此众说纷纭，归纳起来主要有：①图书馆的本质属性是阶级性。这是在我国“文革”结束前的一段相当长的时间内较普遍的看法。过分强调“阶级性”致使图书馆事业遭到很大损失。②图书馆在文献资源交流过程中起到一个中介物的作用，故中介性是图书馆的本质属性。③知识性是图书馆的本质属性。④服务性是图书馆的本质属性。⑤文献的聚集和知识信息的传递是图书馆的本质属性。⑥文献信息的检索性是图书馆的本质属性。⑦实用性，即对文献的收藏与利用是图书馆的本质属性。到底什么是图书馆的本质属性呢？是何种本质属性使人们将图书馆与其他事物区别开来呢？目前在学术界得到大多数人赞同的观点是第⑤、⑦种观点，这两种观点虽然表述方式不同，但其基本含义是一样的，即图书馆的本质属性是藏用性。

（1）藏用性是图书馆区别于其他机构的特有属性。正是对文献系统的收集和对信息知识广泛的传递这种图书馆的基本特征，使得图书馆能够区别于同属科学、教育、文化系统的出版、印刷、发行等部门。

（2）藏与用是古今中外所有图书馆都具有的基本属性。近代、现代的图书馆不言而喻，即使是以藏书为主的古代藏书楼也是如此。图书馆是随着文献的出现而产生的，又随着文献信息的交流而不断发展。无论社会如何发展，图书馆的这一基本属性都不会改变。

（3）文献的收藏和利用构成图书馆的特殊矛盾和主要矛盾。这对矛盾决定着图书馆的其他矛盾，这对矛盾的不断斗争、不断运动是推动图书馆事业发展的根本动力，是任何其他事物所没有的，它使图书馆区别于其他事物。

二、图书馆的职能

图书馆的职能是指图书馆在人类社会中应有的作用和功能。图书馆的职能涉及社会生活的各个领域。在图书馆的历史发展过程中，图书馆的职能是随着社会及图书馆自身发展规律的变化而变化的。图书馆的职能有许多，主要可归纳为两大类，即基本职能和社会职能。

1. 图书馆的基本职能

图书馆的基本职能是指在不同时期、不同国家的每个图书馆都具有的职能，这些职能贯穿于图书馆整个发展过程中，不随图书馆的技术方法、服务手段等方面的变化而变化，也不随社会的发展而变化。

图书馆的基本职能就是收集、整理和提供使用。也可以把这一过程统称为传递文献信息。具体可以分为三方面：

（1）对知识、信息的物质载体进行收集、选择、积聚；

（2）对知识、信息的物质载体进行加工、整理、存储、控制、转化；

（3）对知识、信息的物质载体进行传递和提供使用。

图书馆的三项基本职能是由图书馆的本质属性决定的。任何图书馆必须具有这三项基本职能才能独立存在，才能使图书馆得到健康的发展。图书馆的三项基本职能：收集—整理—提供使用，是图书馆一个不断循环往复的过程，只有通过它，才能保证图书馆动态的平衡，才能与外界进行正常的物质、能量、信息的交流，同时维持图书馆的生存和发展。

2. 图书馆的社会职能

图书馆的社会职能是以基本职能为基础的，是图书馆的基本职能在一定社会的表现形式。图书馆的社会职能是受一定社会影响的，是社会赋予它、要求它的，并随着社会的发展而不断变化、扩大。

古代图书馆时期，图书馆的社会职能主要是保存人类文化遗产的职能。近代图书馆时期，大机器工业的兴起，要求与之相适应的全民文化水平的提高和教育的普及，因而图书馆担负起社会教育的职能。到了现代，科学技术的迅速发展，人们对知识、信息的需求越来越迫切，图书馆又被社会赋予了开发智力资源、传递科学信息的职能。总之，图书馆有的社会职能在消失，有的社会职能在扩大，而更多的新的职能在不断出现。图书馆的社会职能具体有以下五个方面。

（1）保存人类文化遗产的职能

图书馆是人类文明的载体，是保存人类精神财富的宝库。它从诞生之日起，就承担着保存人类文化遗产的职能，在整个社会系统中有着任何其他文化机构所不能代替的重要作用。

图书馆广泛、全面地收集社会发展历史和知识经验的图书文献，并对它们进行加工、整理，使其长久地、系统地保存下来，流传下去，使我们了解祖先创造的几千年光辉灿烂的文化，使我们能汲取人类文化的精华，借鉴前人经验教训，在前人成就的基础上，作出新的贡献。这一职能使图书馆在人类社会发展史上和科学技术的发展史上，有着不可磨灭的伟大功绩。

（2）社会教育职能

图书馆是社会教育的重要组成部分。古代图书馆就具有教育职能，只是由于服务范围小，不很明显而已。在近代，图书馆的社会教育职能得到了充分地发挥。资本主义的大生产，要求工人有较高的知识和较多的技能，社会要求图书馆担负起对工人进行科学文化知识教育的职能，以满足社会需要。图书馆的这一职能的发挥，也是进入近代图书馆的重要标志。进入现代图书馆时代，科学技术发展迅速，知识更新的频率越来越快，人的一生都需要不断学习新知识，作为社会大学——图书馆，其社会教育职能得到了更加充分的发挥。图书馆教育职能主要体现在以下两个方面，一是进行思想政治教育，二是进行科学文化知识的传播。

第一，进行政治思想教育。在不同历史阶段和政治制度下，图书馆对读者进行思想政治教育的内容和目的有本质的差别，但古今中外的统治阶级都毫无例外地把图书馆作为推行本阶级意志、思想、政策、法令的有力工具。

在我国现阶段，图书馆政治思想教育的主要内容包括：图书馆通过书刊流通、图书宣传、阅读辅导等形式，向读者宣传马列主义、毛泽东思想、邓小平理论，宣传党的改革开放的方针政策，进行社会主义精神文明教育，帮助读者树立正确的世界观、人生观和价值观，培养读者高尚的道德情操，提高他们的思想修养。

第二，传播科学文化知识。图书馆收藏着丰富的图书文献，既有科普读物，又有专深的学术专著和专题论文，因此它能满足各种专业、各种职业、各种学历和各种文化程度的读者需要。图书馆的教育不受时间、空间、年龄等限制，这是任何其他教育机构不能相比的。图书馆的教育深入到社会的每个角落。因此图书馆成为普及和提高科学文化水平的重要社会教育设施。

另外，在科学技术发展日新月异的今天，知识更新的频率不断加快，那种认为一次教育就可受用终身的观点早已过时，人们需要不断更新和补充新知识，不断接受继续教育。图书馆在继续教育中发挥重要作用，它已成为人们接受终身教育的重要场所，现代通信技术的应用使图书馆的教育范围正覆盖整个社会，鼠标一点，全世界的各类图书馆近在眼前。

（3）传递科学信息的职能

传递科学信息，是现代图书馆的重要职能。国家要发展就要加强科学研究。而科学研究具有明显的继承性、连续性和创新性，这就要求迅速地进行科学交流和收集、掌握文献中的信息，以避免重复劳动，少走弯路，从而在已经取得研究成果的基础上，进行创造性的科学研究。

在当今社会，科学技术迅猛发展，记载科学技术的文献数量也急剧增长，文献的收集、整理单靠个人分散孤立地进行，不仅花费很大的时间和精力，而且已远远满足不了实际需要了。因而需要有专职人员、专门机构从事科学文献的收集、加工、整理、检索和传递工作。作为文献主要收藏单位的图书馆，义不容辞地担负起传递文献的职能。

图书馆不仅具有信息的物质基础——各种文献，而且还有传递信息的方法。现代通信技术和计算机技术在图书馆中的应用，极大地提高了现代图书馆传递信息的效率，从而使图书馆传递信息的职能得到更好的发挥，成为现代社会信息的中心。

（4）开发智力资源的职能

所谓智力，通常称为智慧，也叫做智能，它是人认识客观事物并运用知识解决实际问题的能力。智力也是资源，它与煤、石油等自然资源一样，只有被人们开发和利用，才能发挥巨大的能量，为人类造福。图书馆开发智力资源的职能表现在两个方面：

①开发信息资源：图书馆收藏的图书文献所蕴涵的信息、知识是一种智力资源，它只有经过开发，才能服务于人类。所以，图书馆要采用现代化的技术手段，建立完整的检索系统，对图书馆的这种智力资源进行开发，最详细、最全面地将其收藏的文献中的信息充分揭示出来，为每一条信息找到使用者，为每一个需要者准确、迅速地提供科学信息，从而使图书馆的智力资源得到充分的开发和利用，创造出新的物质财富和精神财富。

②开发人力资源：图书馆不仅开发人类积累的智力资源，还要开发人的潜在的智力资源。图书馆这种智力资源的开发与图书馆的教育智能是密切联系的。图书馆对读者进行学习方法和阅读方法的教育，进行信息检索、开发和利用的教育，从而提高读者信息开发利用的能力。图书馆利用丰富的馆藏文献，举办各种学术交流会、专题报告会等其他各种形式的活动，开阔读者的视野，培养他们的各种能力。这都是图书馆开发智力资源的体现。

（5）文化娱乐职能

图书馆除具有保存文化遗产、社会教育、传递科学信息、开发智力资源四个社会职能外，还具有文化娱乐的职能，还要满足社会对文化娱乐的需要，丰富和活跃人们的文化生活。尤其是在新世纪，公共图书馆已成为社区的文化中心，其功能远远超出文献服务的范围。在这里不但有宽敞明亮的阅览室、会议室、多功能演示厅，还会设有一些体育活动室、健身房等。

图书馆不但可以举办读者座谈会、学术演讲会，还可以成立各种培训中心，甚至可以提供各种艺术表演来展示地方文化，提高社区居民的审美意识。丰富人民群众的精神生活，培训人民群众的高尚生活情趣，是图书馆义不容辞的责任。

第五节　图书馆的类型及其职能

一、图书馆的类型

图书馆的类型通常指具有共同特征、实现特有的共同功能的图书馆的种类。

1. 划分图书馆类型的意义

划分图书馆类型，主要有三方面的意义：其一，有助于把握不同类型图书馆的特点，科学制定各类图书馆的方针任务，从而更好地发挥各类型图书馆的作用；其二，有利于从全国或一个地区范围内对图书馆事业的发展进行全面规划和统筹安排，促进图书馆网络建设；其三，按照图书馆类型来研究图书馆活动，科学地总结不同类型的图书馆特点及其发展规律性。

2. 图书馆类型

根据不同的划分标准，图书馆有不同的类型。目前，在不同国家根据本国具体情况提出了一些划分标准。在我国，划分图书馆类型通常采用三条标准：其一，按图书馆领导系统；其二，按图书馆的性质和职能；其三，按读者对象。

为了便于国际间图书馆的交流和对世界图书馆事业做出统计，1974 年国际标准化组织颁布了《ISO 2789 – 1974（E）国际图书馆统计标准》，其中《图书馆分类》中将图书馆分为六大类：国家图书馆、高等院校图书馆、其他主要的非专门图书馆、学校图书馆、专门图书馆、公共图书馆。

目前我国根据上述标准划分出的图书馆的类型有：国家图书馆、公共图书馆、高等学校图书馆、科学和专业图书馆、工会图书馆、儿童图书馆、军事图书馆等。

二、国家图书馆

国家图书馆是指凡按照法律规定和其他安排，负责收集和保管本国所有的主要出版物的副本，并起储藏文献作用，不管其名称如何，都是国家图书馆。概括起来讲，国家图书馆是由国家创建的面向全国的中心图书馆，它担负着国家总库的职能，是一个国家图书馆事业发展的推动者和各类型图书馆的指导者。

1. 国家图书馆的类型

据统计，全世界约有国家图书馆 148 所，大致分为五种类型：公共图书馆类型的国家图书馆、议会图书馆类型的国家图书馆、大学图书馆类型的国家图书馆、科学与专业图书馆类型的国家图书馆、档案馆类型的国家图书馆。

2. 国家图书馆的职能

根据有关规定以及世界上大多数国家图书馆实际担负的职责来看，国家图书馆的职能归纳为以下六方面：

（1）完整、系统地收集本国主要出版物，成为国家图书总库。

（2）重点地采选外国出版物，使国家图书馆有一个丰富的外文馆藏。

（3）编制全国总书目、全国新书目以及联合目录等书目，承担国家书目信息中心职能。

（4）面向全国的读者用户，尤其是国家重点科研项目和重点工程，提供文献信息服务，承担全国文献信息服务中心的职能。

（5）开展图书馆学、信息学研究以及组织图书馆现代化技术装备的研究、试验、应用和推广工作，使国家图书馆在推动图书馆学研究的发展和图书馆现代化建设中起中心和枢纽作用。

（6）代表本国图书馆界利益，参加国际图书馆组织及国际交流，成为本国图书馆对外交流的中心和窗口。

3. 世界著名的国家图书馆

世界各国的国家图书馆在馆藏规模、技术设备以及服务等方面各有特色，其中中国国家图书馆、美国国会图书馆、法国国家图书馆、英国不列颠图书馆、俄罗斯国家图书馆是世界最著名的五大国家图书馆。

（1）中国国家图书馆

这是亚洲最大的图书馆。其前身是清代末年筹建的京师图书馆，始建于 1909 年，1912 年正式对外开放。1928 年京师图书馆改名为国立北平图书馆，1951 年改称北京图书馆，1998 年 12 月经国务院批准，北京图书馆更名为中国国家图书馆。中国国家图书馆新馆建筑面积 14 万平方米，加上旧馆共计 17 万平方米，设有 46 个各具特色、满足读者不同需求的阅览室，其中 23 个实行开架阅览。中国国家图书馆以丰富的馆藏，尤其是拥有代表中华民族悠久历史和辉煌成就的珍贵文献典籍而享誉世界。截止到 1998 年底，馆藏文献已达2 160万件，而且每年增长的速度很快。除全面入藏中文文献外，还有重点地收藏外文书刊，是国内典藏外文书刊最多的图书馆。国家图书馆的外文书刊购藏始于20世纪20年代，是国内典藏外文书刊最多的图书馆，并大量入藏国际组织和政府出版物，是联合国资料的托存图书馆。国家图书馆不仅收藏缩微制品、音像制品，还入藏了国内外光盘数据库近百种，电子出版物8 000余种。

（2）美国国会图书馆

美国国会图书馆创建于1 800年，是当代世界上规模最宏大、藏书最多、设备最先进的图书馆。该馆现拥有馆藏总数1.3亿，其中0.29亿书籍、0.12亿照片、0.58亿件手稿（包括23位美国总统的手稿），地图400万幅，中文图书45万册，其中善本书2 000种，中国地方志4 000种。国会图书馆的主要任务是为国会服务，其所属的国会研究服务部每年可为国会各委员会、议员等提供信息资料、解答有关咨询30余万件。同时也为全国的作家、学者、研究人员和居民服务。此外，还负责为全国70余万名各类残疾人发放盲人书籍、唱片、磁带等资料。

美国国会图书馆于20世纪60年代开始试验采用计算机进行文献编目，1969年正式发行机读目录磁带MARC－1，对世界图书馆的自动化产生了极大的影响。现在，国会图书馆有庞大的自动化系统和网络设施，是用先进技术装备起来的最具现代化水平的图书馆。

（3）法国国家图书馆

法国国家图书馆被称为现代国家图书馆的鼻祖，它建于1386年。当时的法王查理五世亲自命令把历代皇室收藏的图书、文稿集于罗浮宫内，成立了皇家图书馆。为丰富它的藏书，弗朗索瓦一世于1537年颁布了著名的蒙彼利埃法令，规定凡是在法国境内出版的图书，必须送一本样书交皇家图书馆保存。此项法令在法国文化史上有着重要的意义，它奠定了法国国家图书馆呈缴本制度的基础。经过几个世纪的积累，该馆已成为宏大的法兰西文化宝库，现有馆藏8 000余万件。收藏丰富的手稿是该馆的特色，共有22.5万份。另外，收藏多种纪念章、货币以及其他古代文物80万件。法国国家图书馆新馆于1995年3月30日在巴黎塞纳河岸落成，建筑面积385万平方米，公共阅览室有座位4 125个，研究阅览室有座位2 000个。

（4）英国国家图书馆——不列颠图书馆

英国不列颠图书馆成立于1973年，它是由英国不列颠博物院图书馆、国家科学与发明参考图书馆、国家科技外借图书馆、国立中央图书馆、英国国家书目公司等五个单位合并组成的一个大规模的国家图书馆。这个图书馆的许多工作，如特藏、外借、书目、国际合作等著称于世界图书馆界。到2003年，不列颠图书馆馆藏量达到5 000万件，书架总长651英里。主要通过外借、阅览、参考咨询和书目工作等为国内外用户服务，并生产本国出版物的计算机机读目录、书本式目录和印刷卡片目录，供国内外图书馆利用。

（5）俄罗斯国家图书馆

俄罗斯国家图书馆的前身是1962年建立于莫斯科的鲁勉采夫博物院图书馆。十月革命后先后改名为“全俄列宁公共图书馆”、“苏联国立列宁图书馆”，1992年命名为俄罗斯国家图书馆。俄罗斯国家图书馆的主要任务是积极地利用本馆的丰富馆藏，促进科学、文化和国民经济的发展。目前，该馆藏书达3 500余万件，设有22个阅览室，2 500多个座位，平均每天接待读者达1 401 319余人次。

俄罗斯国家图书馆藏书不仅数量大，而且语种齐全，共247种文字的文献，其中国内民族文字有91种，外文藏书约占1/3。该馆同世界上100余个国家和地区，约4 000个单位建立了联系，进行图书文献交换、馆际互借和学术交流。

三、公共图书馆

由于历史传统和文化背景的不同，人们对公共图书馆含义的理解也不一致。根据国际标准化组织颁布的《ISO 2789－1974（E）国际图书馆统计标准》的规定，公共图书馆是那些免费或只收轻微费用为一个团体或区域的公众服务的图书馆，它们可以为一般的群众服务或为专门类别的用户如儿童、工人等服务，它们全部或大部分是接受政府资助的。

在我国，公共图书馆是面向社会公众开放并为广大社会读者服务。这一类型的图书馆是按行政区域建立的，受当地政府文化部门的领导，均建立在各级政府的所在地。

目前，我国公共图书馆包括以下几个层次：国家图书馆、省（直辖市、自治区）图书馆、市（省辖市、地区）图书馆、县（市辖区）图书馆以及各级少年儿童图书馆等。

1. 省（直辖市、自治区）图书馆

省（直辖市、自治区）图书馆（以下简称省级馆）是我国公共图书馆的骨干力量，是全省藏书、目录和图书馆协作以及业务研究、交流的中心，是全国图书馆事业的重要组成部分。

它的藏书具有综合性和地方性。各省馆收集反映本省区特点的地方文献，

形成有地方特色的藏书体系，满足不同层次、不同职业的读者的广泛需要。省级图书馆的丰富藏书及地方文献特藏对于本地区经济和文化建设都起着重要的作用。

省级图书馆既要为全社会的普通读者服务，又要为本地区的科学研究和经济建设服务。同时，还要对本地区下层的图书馆进行业务辅导，担任本地区中心图书馆委员会和图书馆学会的日常工作。

2. 省级以下公共图书馆

省级以下图书馆是指地、市、区、县等图书馆及其下层各级图书馆。它们是公共图书馆系统中数量最大的一部分，是国家最重要的基层图书馆，联系着最广泛的读者。它们都具有一定的规模，藏书基础也较好，服务工作有一定的水平，并积累了丰富的经验，在普及科学文化知识、丰富群众文化生活、满足群众阅读需求等方面，发挥着十分重要的作用。

3. 少年儿童图书馆

少年儿童图书馆是少年儿童课外接受科学文化教育的场所，是学校教育的补充。少年儿童图书馆在向广大少年儿童进行思想和道德教育、普及科学文化知识、配合学校教学等活动中，发挥着重要的作用。

四、高等学校图书馆

高等学校图书馆是学校的文献信息中心，是为教学和科学研究服务的学术性机构，也是学校信息化和社会信息化的重要基地。现代化的图书馆、先进的试验设备以及高水平的教师队伍被视为现代化高等学校的三大支柱。因此，为教学和科学研究服务是高等学校图书馆工作的出发点和归宿，并贯穿于全部工作的各个环节。

1. 高等学校图书馆的职能

高等学校图书馆的职能是由高校图书馆的性质决定的。高校图书馆与教学和科研紧密相连，是学校教育中不可缺少的。高校图书馆主要履行两个职能，即教育职能和信息职能。

2. 高等学校图书馆的任务

高等学校图书馆作为高等学校的重要组成部分，担负着教学和科研双重任务，是培养人才和开展科学研究的重要基地之一。根据国家教育部关于《普通高等学校图书馆规定（修订）》要求，高等学校图书馆的主要任务是：建设包括馆藏实体资源和网络资源在内的文献信息资源，对资源进行科学加工整序和管理维护；做好流通阅览、资源传递和参考咨询工作，积极开发文献信息资源，开展文献信息服务；开展信息素质教育，培养读者的信息意识和获取、利用文献信息的能力；组织和协调全校的文献信息工作，实现文献信息资源的优化配置；积极参与文献保障体系建设，实行资源共建、共知、共享，促进事业的整体优化发展。开展各种协作、合作和学术活动。

3. 高等学校图书馆的特点

根据高等学校类型的不同，其图书馆也有所差异，但它们也有共同的特点：

服务对象主要是教师和学生，读者的文化程度比较整齐，读者的需要随着教学和科研的进度而变化，阅读需求有明显的规律性。藏书适应教学和科研需要。以本校所设专业和科研项目为依据，全面系统地收集国内外有较高水平的基本理论著作，并适当收藏相关学科、边缘学科的相关书刊。与系（所）资料室共同组成校内图书信息网，图书馆为该网的中心，在为本校教学科研服务的总目标下，与资料室互相配合，各负其责，有效地保证师生员工对文献信息的需要。

五、科学和专业图书馆

科学和专业图书馆属于专门图书馆。它是指政府部门、议会、协会、科学研究机构（大学研究所除外）、学术性学会、专业性协会、事业单位、社会群众组织、博物馆、商业公司、工业企业等或其他有组织的集团所属的图书馆。它收藏的大部分是某一特殊领域或课题的图书资料。

在我国，科学和专业图书馆类型复杂，数量多，是图书馆事业的重要组成部分。我国科学和专业图书馆包括中国科学院系统的、中国社会科学院系统的、国务院各部委办所属的以及各省市政府厅局所属的研究院图书馆、报刊社和广电系统的、医院系统的、工交系统与金融系统的、厂矿企业的技术图书馆等。

六、其他类型的图书馆

除了国家图书馆、公共图书馆、高等学校图书馆和科学、专业图书馆外，根据划分图书馆类型的标准不同，还可以划分出其他类型的图书馆，如中小学图书馆、工会图书馆和军事图书馆等。

1. 中小学图书馆（室）

中小学图书馆是为培养学生德、智、体、美全面发展，为提高学校教学质量服务的小型图书馆。我国中小学数量众多，一般都建立了图书室，一些规模较大的中学建立了图书馆。

2. 工会图书馆

工会图书馆是工会组织举办的群众文化事业单位，是我国基层图书馆事业的重要类型。工会图书馆是向职工进行思想教育的阵地，也是群众学习政治、学习科学文化知识的重要场所。它在宣传马列主义、毛泽东思想、邓小平理论，传播社会主义精神文明，提高群众思想觉悟和科学文化知识，丰富业余文化生活等方面发挥了重要作用。

我国工会系统图书馆包括中华全国总工会及其所属的各级工会图书馆（室）、厂矿、企业的工会图书馆（室）。工会图书馆的服务对象主要是工人、家属和退休职工。藏书范围主要是科学普及读物、各种通俗的基础知识读物、文史哲图书以及文艺小说等为主。

3. 军事系统图书馆

军事系统图书馆是指中国人民解放军系统的各军、兵种、各机关、院校和野战部队图书馆。它主要包括军事科学图书馆、军事机关图书馆，军事院校图书馆和连队图书室等类型。

第六节 图书馆业务工作概述

图书馆的业务工作是以文献为工作对象，以为读者服务为系统目标，以传递文献信息为手段，从收集文献开始，到把文献传递到读者手中。这其中包括许多工作环节，各个环节相互联系、相互制约，形成一个开放的图书馆工作体系。

一、图书馆业务工作体系

图书馆业务工作体系由文献的收集整理和文献的传递使用两大系统组成（见图1－1）。

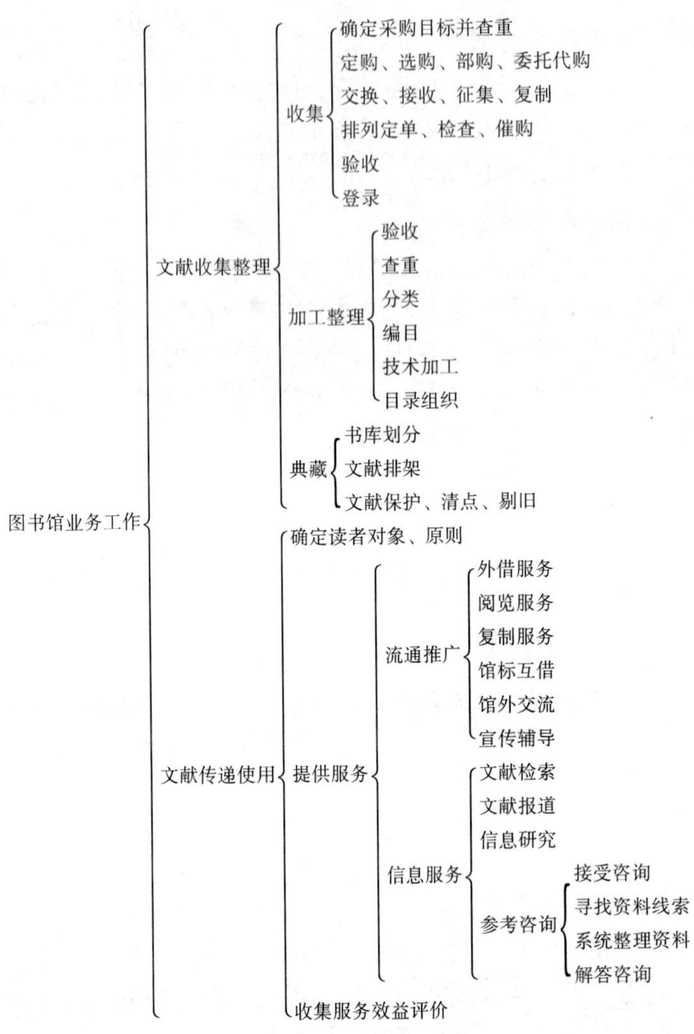

图 1－1　图书馆业务工作体系

这个工作体系是围绕着文献信息的传递作用而开展的。为了传递文献信息，必须收集文献，以奠定传递工作的物质基础；为了把文献中的信息广泛深入地揭示出来并传递出去，就必须对其内容与形式作分析，综合处理；为了多次重复传递，必须对文献加以管理和典藏；传递的接受者是广大读者，他们对信息有各种各样的要求，图书馆就要相应地开展流通、宣传、辅导、参考、检索和研究等各项工作，为他们获取和利用文献信息提供方便条件。这样图书馆工作就和读者发生直接联系，广泛地影响着社会的各个方面。

总之图书馆的各项业务工作都是紧密地和文献信息的传递作用联系在一起并为其所制约的。这个工作体系是一个矛盾的统一体。两大系统各自处于这个体系的重要地位。它们相互依存、相互制约、相互促进、相互矛盾。矛盾双方的发展是图书馆工作体系发展的一种内部动力。

二、图书馆业务工作流程

1. 文献收集整理传统流程

传统的文献收集整理流程分以下步骤：

（1）文献的预定采购

依据各自馆藏文献的原则和读者服务对象，确定收藏范围和标准，了解出版动态和书源信息，检查馆内藏书详情，通过定购、选购、邮购、委托代购和交换、接收、征集、复制等方式，逐年有计划地收集和补充文献资源。

（2）验收登记

图书馆获得文献资料后，分编前要进行验收登记，这是必须进行的一项工作。文献资料验收登记有个别登录和总登录两种方式。个别登录是按每册书进行的，每册书一个号码，作为这册书的财产登录号。个别登录要将每册书的书名、著者、版本、书价、来源以及登录号码等逐项记入“图书馆财产登录簿”上。它是检查每册图书入藏历史的重要依据。总登录是按照每批收入图书的验收凭证，如收据、拨交或赠送图书目录等，或者每批注销图书的批准文据，分别将每批图书的总册数、总价值、各类图书的种数、册数等登入“图书馆藏书总括登录簿”。通过总括登录，可以了解和掌握全馆藏书的总册数、总价值、来源和去向、实际藏量及各类文献馆藏情况等。登录后每册文献加盖馆藏印章。

（3）文献的加工整理

文献的加工整理包括分类、标引、著录和目录组织等内容。

2. 文献收集整理计算机操作系统

随着计算机技术在图书馆的广泛应用，图书馆业务工作已基本上实现了自动化管理，文献整理加工流程发生了很大变化，工作效率得到很大提高。

一般计算机系统由以下几个子系统构成。

（1）采访子系统：处理采访数据的存储、编排和检索（见下图1-2）。

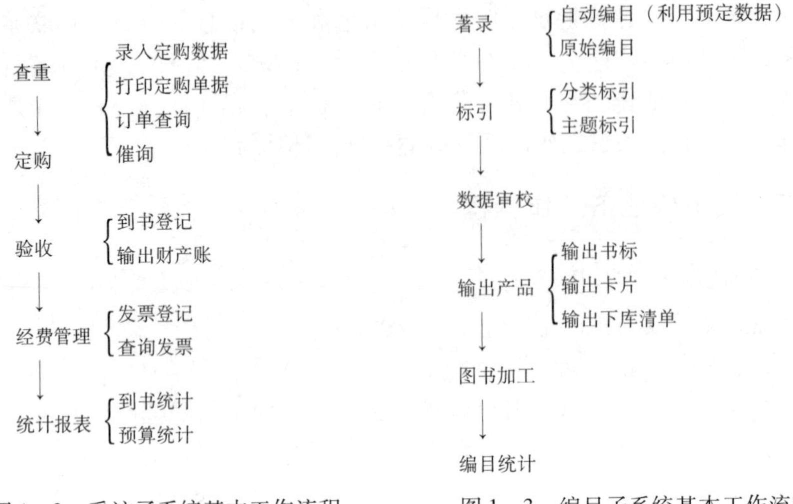

图 1－2　采访子系统基本工作流程

图 1－3　编目子系统基本工作流程

（2）编目子系统：处理新入藏图书，包括新书著录、书目套录、生产书目产品和编目业务管理（见下图 1－3）。

（3）流通子系统：办理图书外借和读者管理等，包括借书、还书、预约、催还、查询、罚款和流通统计等。

（4）连续出版物子系统：包括连续出版物的订购、查重、续订、打印订单、经费管理、验收登记、编目、装订、统计等。

（5）检索子系统：提供给读者多种检索途径，如：书名、作者、分类主题、ISBN、ISSN 等，在此基础上，支持多种检索策略。

三、图书馆业务工作的基本内容

主要包括文献的收集与整理及文献的传递与使用两大部分。

1. 文献的收集与整理

（1）文献的收集

无论是哪一类的图书馆，其业务工作都是从文献的收集开始的。文献的收集工作直接影响图书馆的服务质量和水平，所以它应遵循一定的原则，并建立科学的、实用的、具有一定特色的藏书体系。要做好文献收集工作，关键在于调查研究。一是以本馆的具体读者为出发点，调查读者的需求，以确立本馆的采购原则，包括收藏范围、收藏重点、采购标准和复本数量等；二是调查馆藏情况，摸清家底，这是保证藏书系统、完整和做好补配缺漏以及建立有特色的藏书体系的必要措施；三是对书源的调查。图书资料的来源广泛复杂，有公开的、内部的；有国内的、国外的；有订购的、有交换赠送的。对这些不同的渠道了解得愈多，收集起来心中愈有底。在文献的收集中，既要关注印刷型的，如图书、期刊、报纸等，又要重视对非印刷型文献的收集，像缩微品、录像带、磁盘、光盘及电子出版物等。

（2）文献的整理

文献的整理包括文献编目、文献标引和文献的组织管理三方面的内容。

① 文献编目：是按特定的规则和方法，对文献进行著录和组织成目录的过程。它的主要作用是反映文献的外表特征和内容特征，并使之有序，以便为宣传报道、参考咨询和文献检索使用。文献著录的内容包括：题名和责任说明项、版本项、文献特殊细节项、出版发行项、载体形态项、丛编项、附注项、国际文献标准号和中国文献标准号项、提要项等。

② 文献标引：包括文献分类和主题标引。文献分类是根据文献分类法对文献的学科性质及其具有检索意义的特征进行分析、归纳、确定所属类目和给出分类号，用以指示和组织文献及编制分类目录索引工作。其目的主要是为了科学地、系统地揭示图书馆的藏书，引导和帮助读者查找所需要的信息。

分类法是文献分类的依据，是组织藏书的工具。我国常用的分类法有《中国图书馆图书分类法》、《中国科学院图书馆图书分类法》等。关于分类体系请参见本书有关章节。

主题标引就是用语词形式描述和查找文献的一种方法，它是根据文献检索要求编辑的一种信息语言，是以主题字顺为基本序列的一种文献组织系统。主题标引是用规范化的自然语言对文献内容的主题进行标引。主题标引文献有四种方法：主题词法、标题法、单元词法和关键词法。

主题标引的作用是把同一主题、不同学科的文献集中到一起，它具有多种途径检索的优点，充分满足读者按照特定需要查阅文献的要求。主题标引的依据是主题词表，我国使用的主题词表是《中国分类主题词表》。

③ 文献的组织管理：文献经过整理加工后要移交典藏部门。典藏部门则根据本馆书库、各阅览室及其他部门的需要，对文献进行合理分配、组织及妥善保管，这就是文献的组织管理工作。它包括藏书的划分、藏书的排列、藏书的保护、藏书的清点等工作内容。

藏书的划分也称书库的划分或藏书的布局。本着有利于保管、方便于使用的原则，对藏书布局的基本要求是：能够使藏书得到有效利用，充分发挥藏书的作用，以满足各方面读者的需要。

藏书的排列是将馆藏书刊有序地排列在书架上，并形成一定的检索系统，使每种文献都有固定的位置，以便能迅速而准确地索取和管理。一般讲，藏书排列都是按内容排列或按形式排列。所谓按内容排列，指明文献内容特征性为序列标志，它包括分类排列法和专题排列法。所谓按形式排列是以文献形式特征作为序列标志的排列方法，包括登录号排列法、固定排列法、字顺排列法等。

文献的保管包括文献的保护和管理。保护是为了减少损失、延长文献的使用寿命。文献的保护是藏书工作的基本任务之一。它是一项专门技术，包括防火、防潮、防霉、防化合物污染等。此外，还有藏书清点，清点的过程也就是检查藏书保护情况的过程。

2. 文献的传递与利用

文献的传递与利用主要包括文献的流通推广和信息服务两方面内容。

（1）文献的流通推广

图书馆流通推广工作就是要解决或调整有限的藏书与无限需求的矛盾，充分发挥文献的作用，提高书刊利用率。流通推广的方式很多，主要有外借服务、阅览服务、复制与视听服务和宣传辅导等。外借服务是指读者通过一定的手续，在规定的时间内将文献借出馆外自由阅读的方法。阅览服务是图书馆组织读者在阅览室开展文献阅读活动的服务方式。复制服务是图书馆现代化的重要组成部分，近年来已经有不少图书馆开展了此项工作。有了复制服务，大大提高了文献的利用率，使馆藏文献充分发挥作用。同时提高了文献的周转率，加速了信息传递。视听服务就是用声像资料，为读者进行看图听声服务。它具有直观、形象方便的特点，尤其是外语学习，可以大大提高读者的理解力和记忆力。视听资料一般包括录音带、录像带、唱片、科技电影等。

此外，为了充分发挥藏书的作用，扩大图书馆的社会影响，提高服务质量，图书馆在做好流通推广工作的同时，还要做好宣传辅导工作。以便向读者揭示馆藏，更好地利用藏书。图书宣传的常用方式有新书通报、书刊展览、报告会、讲演会等。

（2）信息服务

信息服务是图书馆以开发文献信息资源为主的一种方式。随着社会信息化程度的不断提高，图书馆的信息服务内容和手段不断拓宽。目前信息服务主要包括参考咨询、文献检索、信息研究和数据库建设等四方面内容。

① 参考咨询：参考咨询是图书馆为读者或用户利用文献和查询资料提供帮助的一系列工作，以协助检索、解答咨询和文献研究等方式向用户提供事实、数据、文献线索和研究报告，是图书馆开发信息资源的重要手段。

② 检索服务：所谓检索服务，就是针对读者或用户研究课题的实际需要，按照一定的标识系统与途径帮助或代替用户查找文献信息的一种服务活动。检索手段有手工检索和计算机检索。关于检索的知识和技巧本书有详细介绍。

（3）信息研究

信息研究是图书馆对文献信息进行分析与综合的一种服务，主要是通过对某一时期或某一领域的文献进行分析归纳，并以研究报告的形式提供给读者和用户。

（4）数据库建设

数据库建设是现代文献信息服务的基础，对于计算机检索而言，它是必不可少的信息资源，没有数据库，一切网上信息资源检索就是“无米之炊”。数据库的出现是信息传递手段的一场革命，大大改变了人们获取信息的方式和速度。

第二章 图书馆资源

在人类历史的长河中，人们通过生产实践、科学实验等社会活动，创造和积累了丰富的信息资源，为后人留下了宝贵的财富。随着现代科学技术的迅猛发展，人类正在走进信息社会，信息资源也将发挥重大的作用。

第一节 信息资源的含义

一、信息

人类认识和理解“信息”的概念和内涵是近百年的事情，但信息作为一种客观存在的事物，在人类历史长河中，却一直发挥着人类意识或没有意识到的重要作用。随着科学技术的不断进步和生产力的不断提高，人们终于认识到“信息是与物质和能源可以相提并论的用以维系人类社会存在和发展的三大要素之一”，因此，只有科学地了解和认识信息，才能更好地把握信息，使信息更好地服务于我国的经济建设。

那么，什么是信息呢？半个多世纪以来，科学界一直在对信息的定义进行积极的探讨，并且从不同的侧面研究了信息的某些特征，对其定义众说纷纭。但是，下述的一些主要观点是人们一致认同的。

信息是使人们增加知识和认识事物的客观存在。信息是消息、信息、信号、数据和知识。信息是维系事物内部结构和外部联系，感知、表达并反映其属性和差异的状态和方式。信息是通过文字、数据和各种信号来传递、处理和表现客观事物特性的知识流。就工程技术而言，信息被认为是一种信号传输。由以上这些观点可以看出，信息是对客观世界中各种事物的变化和特征的反映，是客观事物状态经过传递后的再现；信息是客观的，不是主观的。例如：“在28届奥运会上，我国运动员获得的金牌总数是比较多的”这个信息是实实在在的东西，不是人们主观想象的，而是全体运动员在运动场上用血汗换来的。在这里，需要特别指出的是，现在我们所讲的信息已不是20世纪80年代以前我国图书情报界曾接受的那个信息的概念和范畴，它的内涵和外延已发生了很大变化。第一，“信息”已不只是20世纪80年代以前我们所熟知的以印刷型书刊为载体的信息，信息的范围已大大扩展，增加了视像信息、商业信息、电子信息、多媒体信息、网络信息等以及人类借助于现代信息技术正在探索和识别的其他一些形式的信息。

第二，信息是消息的内核，是能够为人的感官所直接或间接感知的一切有意义的实质性的东西。例如，对报纸、电视、广播等媒介上被重复刊登、播放的一则广告，其内容对某个人来讲是早已知道的，甚至能背下来，那么这则广告对这个人来说只能算消息，不能作为信息，因为对他来讲已没有实际意义。但如果这则广告被某个人初次看到，并且以前他不知道广告内容，也就是说，这则广告给了他一些“新知识”，那么这则广告对初次见到的人来说包含了信息。所以说，信息是消息的内核，是数据，是知识。

第三，信息是促进社会经济、科学技术发展的新型资源。从社会发展的总体观点来说，信息、物质、能源是社会结构中不可分割的有机整体，被视为现代社会的“三大支柱”。然而，信息较之物质资源和能源资源来讲对社会发展、科学技术进步则更具有重大的意义和作用。

第四，我们现在所说的“信息”，概念已与半导体技术、微电子技术、计算机技术、通信技术、网络技术、多媒体技术、信息服务业、信息产业、信息经济、信息化社会、信息管理、信息论、信息控制等含义紧密地联系在了一起。

第五，过去和“信息”混用的还有“情报”一词。“情报”一词在《辞源》和《辞海》中指的是敌情报告。20 世纪 50 年代到 80 年代初，我国把政府重要部门以及经济、金融、科技等要害部门的那些时间性强并严格限于内部了解交流、使用，需要保密的情况、文件、报告均视为“情报”。在社会主义建设时期，“情报”一词基本上偏重于科技领域。我们所知道的“情报”，就其内涵而言，除少量确属国家机密或商业机密性的真正“情报”外，大量的所谓“情报”正是国际上通用的“Information”（信息）一词。多数国家译为“信息”，其含义可以理解为“被传递的知识或事实”。随着信息服务业和信息产业的发展，“信息”一词在国内外已被广泛认同和使用。1992 年 9 月 15 日，国家科委将“情报”扩展为“信息”，这样更有利于信息工作的发展和信息交流，也利于学科的发展和自身建设。所以在我国“情报”包含于“信息”之中，“情报”是“信息”的下位类。同样，“文献学”、“图书馆学”也应属于“信息”的一部分，都应属于“信息”的下位类。

二、与信息相关的概念

与信息相关的概念有知识、情报、图书、文献、科学等。

1. 知识

人类在实践活动中获得的认识成果就是知识。在认识世界和改造世界的过程，人类获得了大量客观事物传递的信息，即感性认识，人们的这些感性认识通过大脑进行加工处理后，形成理性认识，即知识。

2. 情报

为解决一个特定问题所需要的知识。把知识中的特定部分传递到需要者手中，就产生了情报。但它必须在特定的时间内对特定的用户进行传递，并为用户采用而且产生效益，这部分知识才称为情报。

3. 图书

图书是正式出版并具有一定篇幅的记录和传播思想、经验的非连续出版物。是十大信息来源之一。

4. 文献

记录有知识的一切载体。它将人类社会中的知识、信息用文字、符号、图形及声频视频信号等记录方式记录在甲骨、竹帛、纸张、感光材料、磁性材料等载体上。知识是文献的内容，载体是文献的形态，记录是构成文献的手段，文献是传递知识的有效工具。

三、信息资源

1. 信息资源

“资源”一词，在传统的说法中是指自然界存在的天然物质资源，《辞海》中的解释是：“财富的来源。”《现代汉语词典》中的解释为“生产资料或生活资料的天然来源”，如地下资源、森林资源、海洋资源等。随着科技、经济的发展，对资源的认识也在深化。在现代管理学中，资源不仅包括物资、资金、设备和人力资源，而且也包括时间，时间被认为是最稀有的资源。在计算机系统中，资源是指硬件和软件的总称。而信息资源则是由层次不同、性质不同、类型不同、功能不同、各具特色的信息子系统组成的信息网络，网络把它们有机地联系在一起，每一个子系统都要沿着网络运行，传递信息，因而网络就形成了巨大的信息资源。可以说，信息资源是指信息和与操作信息有关的物理设施、人力、机构、资金和运行机制等的总称。信息资源与自然资源不同，自然资源是自然界固有的存在物，由于环境的改变、人为的因素，可能减少或消失。而信息资源是一种再生资源，是社会进步和发展的产物，是人类在生产实践和科学实验中积累的知识。它的开发和利用有着自身的规律。随着时间的推移，它不仅不会消耗，不会消失，而且还会创造出新的信息。所以，信息产品是作为特殊的劳动产品和社会活动的副产品而产生的。因此，信息资源是与自然资源不同的一种社会资源。

2. 信息资源的组成

信息资源由信息生产者、信息和信息技术三个部分组成，分别称之为：元资源、本资源、表资源。

信息是脑力劳动成果，所以信息生产是精神生产，是由物质生产决定的。元资源即信息生产者包括一次文献生产者、二次文献生产者和三次文献生产者。可以说元资源是信息资源的基础。

本资源则是信息资源的根本，是信息的集合。因为本资源的范围很广，所以凡是人类社会活动中所产生的各种信息都属于本资源，是信息资源的核心。

表资源是信息资源的延伸，是信息加工处理和传递技术的集合，即我们通常所说的信息技术。它以计算机技术和通信技术为核心，表现形式是输入、输出、复印、缩微、视听、显示等技术。信息技术是信息资源能充分开发和利用的必要条件。

四、信息资源的特征

1. 信息资源是一种动态资源

人类在认识自然、改造自然的社会实践活动中，必然有着相应的信息活动，在创造财富的同时，也创造了社会信息资源。它随时间的变化而变化，在不断产生和积累的过程中，呈现出不断丰富、不断增长的趋势。

2. 信息资源有较强的伸缩性

信息在应用过程中，可以不断地补充、完善、扩展，也可以归纳、综合，使无序的信息变得条理化、有序化，成为一种再生性资源，在相互综合中创造新的信息，成为使用性更强的“增值”信息资源。

3. 信息资源是可以重复利用和共享的资源

信息资源中所包含的各种信息，既可为领导决策服务，也可以为国家经济建设、科学研究和人们的社会生活服务。信息资源在供众多用户同时使用时，更显示出它是一种可以共享的资源。

4. 信息资源是利用特殊方式进行传递的资源

信息资源的传递需要专门的传输手段，如期刊、报纸、邮政、电话以及网络等。信息存储的载体，或者说信息特定的表现形式是文献，文献是信息最基本的载体。储存在各种介质上的文献不仅内容丰富，而且数量庞大，是最具有开发利用价值的信息资源。而图书馆正是人类收藏、整理、保存、加工、传递文献的重要机构，图书馆所收集、整理、存储在各种介质上的文献就是我们本章所要介绍的馆藏信息资源。

第二节　馆藏文献信息的类型及特点

从上面所讲到的信息资源的含义及特征中不难看出，信息被人类认识后就可升华为人类的知识。可见，信息是知识的原材料，知识是信息被认识了的部分，这些信息借助于文字、符号、图形、音频及视频等，通过各种物质载体记录下来，便成了文献信息。文献信息通过各种不同的手段传递给读者，为他们所理解或应用。文献信息产品的种类众多，由于分类标准的不同，可以有不同的类型。如果按产品问世的时间来分，可以分成传统型和现代技术型。传统型包括书目、索引、文摘、提要、综述等；现代技术型包括数据库、Internet、以及传统型产品的电子版等。按加工方式，可分为手工型和电子型；按载体方式，可分为印刷型和电子出版物；按出版类型，可分为图书、期刊、科技报告、会议论文、标准文献、专利文献等；按加工层次，可分为零次文献、一次文献、二次文献和三次文献。本节从图书馆业务工作习惯出发，介绍几种目前在我国图书馆中常用的文献分类方式和相对应的类型。

一、按加工层次划分

按照文献信息的加工层次，可将文献分为四个层次，即零次文献、一次文献、二次文献和三次文献。关于文献层次的划分方式反映了文献信息的内涵与外延，也反映了文献在使用中的不同用途及相互关系。

1. 零次文献

（1）零次文献的概念

所谓零次文献就是未经过付印的原始记录，包括书信、手稿、笔记、会议录、各种科学研究工作中的实验记录、工作日记、阶段总结报告等。它是一种不同于以研究成果见诸于文献形式的概念，也是文献发表前使用的一个概念。

（2）零次文献作用

由于零次文献其本身所特有的快速及时性，所以在科学研究工作中其作用是其他文献所无法取代的。

① 填补文献空白的作用：因为某些高科技领域的研究工作往往没有现成的文献可以参考，所以零次文献可以起到填补文献空白的作用。

② 为选定课题、制定研究方案提供依据：人们常说，恰当地提出问题有时比解决问题更难。所以，对于科学研究工作来说，立项、选题是十分重要和关键的。为此必须全面了解国内外研究动态，要做到这一点，不仅要查阅已有的文献，如一次文献、二次文献和三次文献，而且还要掌握正在进行研究的情况，这正是零次文献要告诉人们的。

③ 为提高专业人员的专业水平提供依据：无论哪个专业，都有本专业的学术带头人，他们所进行的研究工作在一定程度上代表了本专业的发展趋势和技术水平。经常查阅零次文献可以帮助科研人员了解自己专业科研动态，从而可以根据情况确定自己的主攻方向，避免走弯路，这样就可以在较短的时间里把自己的专业技术水平提高到一个新阶段。

（3）零次文献的收集途径

① 利用检索工具：国外检索工具有美国《科学技术进展》、英国《英国高等院校的科学研究》、日本《工业技术院试验计划》等。我国的检索工具有《科学技术研究成果公报》。

② 访问专家学者。

③ 参加各种学术会、展览会、演示会。

④ 参加新产品技术鉴定会。

⑤ 参观访问科研院所。

2. 一次文献

（1）一次文献及其作用

一次文献也就是原始文献。它是指作者以本人的科学研究、设计、实验的直接成果为素材而创作的文献，无论撰写时是否参考或引用了其同行的资料，也无论其载体与出版类型如何，均称为一次文献。例如，会议论文、专著、科技论文、研究报告、专利说明书、技术档案、标准资料等。一次文献的论述比较详细系统，具有创造性、学术性和科学价值，能反映某学科或某专业领域的学术水平，能直接在科研、生产中起参考和借鉴作用，是文献信息的主体，也是获得信息的主要来源。但是一次文献数量庞大，出版类型各异、存储分散、不够系统，给读者带来诸多不便，甚至会因为上述原因而不容易被发现，从而失去它应有的利用价值。这是一次文献的显著缺点。

一次文献的作用有两点：第一，有利于把无序的原始文献转变成有序的信息。这就要靠收藏部门对那些分散在个人或单位手中的文献进行收集、分类、整理，使原来存储在研究人员和科研单位的杂乱无章的一次文献变得较为集中有序，从而避免了因某些原因如单位变化、机构更换等而流失，或因天长日久造成风化而自然丧失。所以，对一次文献的收集整理有利于一次文献的收藏、积累、管理，也延长了它的使用寿命，更便于读者利用。

第二，有利于节省使用原始文献的精力和时间，提高一次文献的利用率。日新月异的科学技术使文献的数量急剧增加，这是对我们接受能力的挑战。要解决这一矛盾，就要控制信息，掌握信息的存储技术，让读者在较短时间内能阅读较多的信息，并且在急需时能迅速获得和利用。对一次文献按类别进行整理加工，可以方便读者利用、减少因文献分散而给检索带来的困难，为使用节省了时间和精力。

（2）一次文献的类型

一次文献的主要类型有著录、分类标引、主题标引。

① 著录：著录是对文献外部特征的描述，如题名、篇名、作者、出版地、出版年月、页数等不涉及内容的描述。为便于排列和检索，著录格式要求统一。

② 分类标引：科学分类是文献分类的基础，但文献分类与科学分类不同，因为科学分类的对象是学科，文献分类的对象是文献，其任务是指示和分析文献的内容，以便于检索。文献标引的作用是将文献按类组成一个逻辑系统，编制成分类目录和索引，便于保管和检索。

③ 主题标引：按照文献内容中讲到的现象、概念、对象，也就是文献研究、讨论、阐明的问题本身，确定其主题，再依据一定的主题法，为文献加上标识，就是主题标引。它是常用的一种揭示文献信息内容的手段。

3. 二次文献

（1）二次文献及其作用

二次文献是依据一次文献的外表和内容特征，对大量无序的一次文献按编辑目的进行收集、著录和内容浓缩，按照一定的规则有序化并形成可供检索的一种文献形式。它从不同的深度揭示和报道了一次文献，主要作用是为检索一次文献提供捷径，使一次文献便于人们掌握和利用。

（2）二次文献的类型

① 书目：书目是揭示一批相关文献内容并将其系统化记载，再按照一定的方法进行著录和标引、编排，是提供揭示与报道文献的工具。书目的作用是让读者了解文献的发展过程，反映了文献的过去和现在，反映了学科的沿

革和发展以及收藏单位的收藏情况。书目中的各项著录项目也给读者提供了大量信息，使其能了解文献的主题、学科分类、著者、题名版权、出版时间、出版者、出版地、馆藏等，进而鉴别和选择文献。所以，检索、报道和导读是书目的三个主要作用。因此，二次文献又称检索工具，能比较全面、系统地反映某个学科、某个专业或专题在一定时空范围内的文献线索。它不是新创立的知识，但却可以提供多种检索手段，使大量无序的数据和信息按照一定的流向提供给需求者，在信息和需求者之间架起一座通畅的桥梁。

② 索引：索引是查找图书、报刊或其他文献中的词语、概念、题名、著者等事项的检索工具。索引的基本作用就是揭示文献内容和指引读者查找文献线索。

③ 文摘：我国国家标准（GB 3793－83）中对文摘的定义是“对文献内容作实质性描述的文献条目”。

文摘的作用：在揭示文献深度方面最优，在一定程度上可以取代原文；能帮助读者准确判断所检索到的文献的确切程度，以便决定是否采用；能帮助读者克服语言上的障碍，节省查询文献的时间和精力。

4. 三次文献

（1）三次文献及其作用

三次文献是根据社会的特定需求，在充分搜集与特定需求有关的文献信息（一次文献型产品）及有关参考书、检索工具和必要的实地调查的基础上，运用科学的研究方法进行信息整序等创造性劳动，使处于分散或无序的文献信息资源得以有效利用。

三次文献信息开发工作的任务就是将零星无序、纷繁复杂的文献信息整理出与某种特定需求相关联的信息，揭示某种规律性的认识，并形成书面报告，为教学、科研人员和决策者选择课题、开发产品、引进技术提供服务。

（2）三次文献的类型

根据不同用户的需要和信息本身的特点，三次文献的内容十分广泛，主要有以下几种类型。

① 述评：述评是针对某一专题，在广泛收集、分析研究各类信息的基础上，对这一专题的有关事实、数据、观点做出较全面系统的概括和总结，并针对该专题做出恰如其分的评价、建议。

② 简讯：简讯是一种以简捷明了的语言报道某一学科、某技术领域、某一事件的最新动态消息的三次文献。一般用“××快报”、“××简报”、“××动态”或“××快讯”冠名。简讯的最大特点是“简”，文字简练，内容

精当。是属于一种行文较为灵活的消息类报道。

③ 综述：综述指的是依据丰富的信息，采用科学的方法对所采集的信息加以归纳、整理、甄别、演绎，从而发现各有关信息之间的联系规律，推断出某种普遍性的结论并加以客观陈述而形成的三次文献。

④ 调研报告：调研报告主要是在实地调查获得数据、事实的基础上，经过分析研究后得出能真实反映有关事件等本质特征信息的三次文献产品。

⑤ 百科全书：百科全书是一种供查阅的、广泛收集一切学科、专业门类的概述性工具书，而不是供浏览阅读的图书。

⑥ 年鉴、手册：年鉴是系统记载某一年国内外各方面情况、事实数据、成果进展信息的工具书。其特点是逐年编辑、连续出版。根据年鉴性质的不同，分为科学性年鉴、新闻性年鉴、统计性年鉴和学术性年鉴。手册是一种汇集经常需要查找的文献、资料或专业知识的工具书。

从零次文献、一次文献到二次文献再到三次文献，实际上是将文献由分散到集中，由无序到有序，由广泛到精简的文献加工、整理过程。人们在工作和学习中查找文献时，一般是先查找三次文献，掌握有关信息后，再查找二次文献，检索到有关信息线索后，最后从一次文献中吸收自己需求的相关信息资料。

另外，有两点应特别说明。其一，随着计算机、CD－ROM 等技术的迅猛发展，最近几年电子文献产品增长甚快，不少三次文献产品均以新的面貌（如 CD－ROM）问世。与印刷型的纸质文献相比，电子文献集一次文献、二次文献甚至三次文献于一身，信息高密度存储，配有强大的检索功能（可全文检索）。它不仅在体积和价格上优于传统的纸质出版物，而且功能全、出版速度快，使用便利。其二，随着 Internet 的迅速发展，Internet 无疑为三次文献开发工作提供了一条广收国内外有关信息的便捷通道。它将改变人们的思维、工作、研究的方式，所以目前有些观点认为 Internet 是一种极其重要的三次文献信息源。

二、按载体形式划分

1. 印刷型文献

印刷型文献是指文献信息以印刷方式存储在纸质介质上的文献，包括图书及绝大多数的一、二、三次文献信息。其优点是使用方便，便于携带。缺点是体积大、存储密度低，易破损老化。

2. 音像型文献

顾名思义，音像型文献是指将声音和图像信息记录在磁性介质上的产品，借助专门设备才能使用，它的特点是直观、形象、准确、便于更新，使用场所灵活方便。

3. 数据库型文献

数据库型文献是指将文献信息按照一定的组织方法，用数据库技术建立起来的大型文献信息产品，如多媒体数据库。它比印刷型文献信息在存储量、复制、检索等方面都更有优势。

4. 电子出版物文献

电子出版物主要指以 CD - ROM 形式出版发行的一、二、三次文献信息。

5. 网络型文献

网络型信息是一种新型的信息，它有自行设计制作上网发布和从网络上下载制作两种。其特点是种类繁多，信息量丰富，内容时效强。它正成为信息产品的发展方向。

三、按出版类型划分

1. 图书

图书是正式出版并具有一定篇幅的非连续性出版物。图书在印刷媒介中历史最为久远，是文献信息的主要传播媒体，也是图书馆收藏的主要出版物。

（1）图书的特点

① 目的性强：一部图书要介绍哪些新技术、新设备、新方法、新经验，要把哪些科研成果奉献给大家，要宣传哪些新理论、新概念、新思想，这在图书选题时就已有了明确的目的。每部图书都是根据读者的水平、要求、特点有针对性地编写的，所以图书都有特定读者群。

② 稳定性好：图书的内容不像期刊、报纸那样具有较强的新闻性和信息性，必须及时传播。图书的内容比较成熟定型，在较长时间内要求相对稳定，不仅使读者在一时值得阅读，而且有长期保存的价值（特别是文学作品）。在信息时代，由于科学技术发展日新月异，知识的更新期也就越来越短，所以图书尤其是科技图书的内容稳定是相对的，它将随着科学技术的发展而发生变化。图书中的一些内容因过时而被新内容替代，一些内容继续保留下来。

③ 系统性强：图书包括前言（或出版者的话、出版说明）、目录、正文（或图表），有些图书还有序、附录、注释、词汇表、参考文献、索引、后记

等。一部图书本身就是一个系统。在著书时，作者就对图书内容进行了系统的考虑和全面研究。因此，它结构严谨，层次分明，重点突出，有系统完整的论述。

④ 信息量大：期刊、报纸每期的篇幅一般固定不变，文章的字数受到一定限制。而图书不受字数限制，根据内容一部图书少则几万字，多则几十万字或上百万字。由于图书的信息容量大，读者学习阅读，查找数据时会感到方便实用。

图书的优点虽然很多，但由于其出版周期长，传递信息的速度就较慢，因此其新颖性较差。

（2）图书的作用

它是传播信息和知识的重要工具，是积累和存储知识的宝库，是促进社会经济、科技、文化教育发展的重要媒介。

2. 期刊

期刊又称“杂志”，是一种定期或不定期的连续出版物。它记录和报道经济、文化和科学技术等领域活动与发展，是现代社会传递和交流科学文化成就及各种信息的主要手段之一，是一种利用率非常高的信息源。全世界每年大约出版期刊 13 万种，我国每年也有 8 万多种期刊出版，其中一半为科技期刊。

（1）期刊的外部特征

一种定期或不定期的连续出版物，以定期为多，多为周刊、半月刊、月刊、双月刊、季刊、年刊。不定期期刊包括：会刊、丛刊、增刊、特辑、号外、索引等。有固定名称、统一的版式和外观，使用连续的卷、期号或年月顺序号作为时序标识。每期内容不同，有多个著者，相应有多篇文章。由专门的编辑机构编辑出版。

（2）期刊的特点

① 广博性：期刊的信息量大，内容新颖广泛，品种多，发行量大，影响面广，作者众多，读者广泛。期刊论文一般都是作者研究的最新成果，通过期刊论文可以及时了解学科发展动态和趋势。

② 新颖性：期刊出版周期短，论文发表周期快，能及时反映世界科技水平，内容新颖。据调查，科技工作者在科学研究工作中所利用的科技信息有 60% 来自期刊。

③ 连续性：期刊因受出版时间和容量的限制，所以有明显的连续性，分期连续报道事件和文章。根据内容不同，连续反映新学科、新技术、也可连

续报道历史事件。能系统反映某一学科或某一研究对象的发展过程，起到辨章学术、考镜源流的作用。

④ 伸缩性：期刊在内容安排上比图书有更强的伸缩性，比较灵活，篇幅有长有短，读者选择信息的自由度较大。

（3）期刊的作用

对社会经济发展、文化生活、科学技术进展的最新信息进行近期报道。它以文字形式记录了人类社会发展状况，是人类社会发展的“档案库”。它同图书一样，是人类进行信息传递与交流的工具。期刊论文是重要的文献信息源，信息质量高，使用价值大，期刊的快速发展加快了信息的交流，同时也带来了诸多问题，如分布不均匀、内容重复交叉、查阅检索困难。

3. 科技报告

科技报告是关于某项科学研究和技术开发最新成果或阶段性进展情况的报告。科技报告分阶段性报告和总结性报告。科技报告是重要的信息来源，在一定程度上反映一个科研机构或是一个国家的科研能力和水平。

（1）科技报告的特点

每份报告单独成册，有机构名称，统一格式，统一编号。在内容上新颖专深，叙述详尽，多为对尖端科学，尖端技术及新材料，新方法研究成果的记录，其内容须经主管部门审定，因而数据完整，成熟可靠。

科技报告中的阶段报告，审查不严格，出版发行也不规则，且有一定的保密性，尤其是有关国防、军事等内容的报告。因此，流通受限制，需解密后才能公开发行。

（2）科技报告的作用

在一定范围内能迅速传递最新科研成果，是了解某科研机构研究水平或某国科技发展的重要参考资料。

4. 会议文献

会议文献是指在各专业学术会议上为交流传递科研成果而宣读的论文或报告稿，它在一定程度上反映了国际或国家在某专业研究上的水平、动向，具有十分重要的参考价值，是一种重要的信息传递媒介。

（1）会议文献的特点

出版形式多样，它以会议论文集，期刊专集，论文预印本和科技报告四种形式出版；与科技期刊不同，会议文献议题集中，针对性强，内容上新颖、独到、专深，多为首次公布的科研成果，能反映某一学科专业的最近进展情况。

（2）会议文献作用

能及时传递某一学科领域的最新科研成果，反映国内外最新科学技术的发展水平和趋势，是了解各国科技发展水平、动向的重要信息源之一。

5. 政府出版物

政府出版物是指各国政府及其专设部门所发表和出版的文献。其内容广、数量大、对了解某一国家的科学技术水平和经济政策及其改变情况具有一定的参考价值，是不可缺少的文献信息。政府出版物有行政性和技术性两类。行政性文献是指国会记录、政府法令、报告、条约、方针政策、规章制度、决议指示、统计资料、调查报告等；技术性文献是指技术法规政策、科研报告、科普资料等。政府出版物具有权威性和正式性的特点，分为公开、内部、机密三种资料。

6. 学位论文

学位论文是指高等院校、研究单位的大学毕业生或其他人员为获得各级学位而向学位授予单位递交的公开答辩而撰写的学术论文。学位论文分学士论文、硕士论文、博士论文三种。

学位论文是带有一定独创性的一次性文献，其参考价值不亚于报告。但不同级别的学位论文质量和水平相差较大。学位论文论题单一，论述系统、详细，有一定独创性，往往涉及尖端领域。尤其是博士论文往往提出解决具有相当科学意义的某个特定课题或对某一课题作出较高水平的理论性概括。

学术论文一般不公开发表，由学位授予单位或指定的图书信息机构收藏。

7. 标准文献

标准文献是由标准化组织对各类产品、操作规程、检验要求、产品质量、工程质量、各种规格等所制定的统一的标准化的条例、规定、章程，是从事生产建设所必须遵守的技术法规。

标准文献具有不定期的法律约束力，有明确的适用范围及有效期。它是一个国家技术发展水平的具体反映。标准文献分为国际标准、国家标准、区域标准、部标准、企业标准等。

（1）标准文献的特点

有明确的适用范围和用途，传递的信息准确可靠，编排格式严谨划一，有统一的编号，从编号可反映出标准的级别和适用范围。

（2）标准文献的作用

它以文字形式把必须执行的标准固定下来，是检验产品质量技术性能和要求、方法的依据；它为用户提供准确、可靠的技术和产品信息，是了解产品技术性能质量的主要信息源之一。

8. 产品资料

产品资料通常是指产品样本、产品目录、产品说明书等。由于产品资料介绍的是已投产和行销的产品，所以所反映的技术是较为成熟的，是对定型产品的性能、构造原理、规格、操作规程等的具体说明，产品资料形象直观、图文并茂，并附有较多的外观照片。因此，产品资料对新产品的造型、设计、技术改造、设备引进等都具有重要的参考价值。

9. 专利文献

专利文献的内容较为广泛，这里主要是指专利说明书。专利说明书是指专利申请人为取得专利权向专利主管机关提供的该发明创造的详尽的书面材料。专利文献是传递新产品、新技术的重要信息源。它包括发明者的专利说明书和各国专利机关为报道一定时间内专利申请等而定期出版的专利公报。

（1）专利文献的特点

内容详细、新颖、实用，往往附有发明示意图。出版速度快，传递信息及时。

（2）专利文献的作用

因为只有新产品、新技术、新工艺、新材料等的发明创造才有可能获得专利权，所以专利文献对于研究人员和技术人员来说有较强的参考价值。根据专利文献就能及时了解当前的技术和产品水平，可以说专利文献是一种较为切合实际而又具有启发性的最新参考资料和信息源。

专利文献是提供专利审查和要求权力保护的主要依据，从某种意义上说具有法律文件的性质。

随着计算机技术的发展和互联网的普及，专利的网上检索已十分便利，具体操作和技能请参见本书有关章节。

10. 报纸

报纸是有固定名称，以刊登各类消息为主的出版周期较短的定期连续出版物。报纸具有内容新颖、报道速度快，出版发行量大，影响面宽等特点。阅读报纸是搜集最新科技信息的有效途径。但报纸因受篇幅限制，报道内容有时不具体、不系统。

（1）报纸的特点

发行量大，读者广泛，普及面广，覆盖率高，在各阶层都有数以百万计读者，可以说是世界上阅读量最大的读物。有的宣传内容能被较详细地介绍，有一定说服力，有利于加强人们的记忆，传播效果好。信息传播快，而且及时。保存时间长，便于查存，可随时反复阅读。

（2）报纸的作用

宣传党的路线方针、政策，报道国内外重大事件。传播文化、教育、科技、商业等各行业信息。宣传、引导和实行舆论监督。提供娱乐消息和阅读小品等。

除以上介绍的图书、期刊、科技报告、专利文献等一些公开发表的信息资源外，全世界每时每刻还在产生大量档案资料、内部与保密的文件和资料等。这些被国内外一致称为“灰色”文献。这是信息时代一种值得重视的信息资源。

11. 灰色文献

所谓“灰色文献”信息不是已经明确下了定义的某种资料，而是一些内容复杂、信息量较大、形式多种多样，正常渠道无法得到而需颇费周折才能获得的文献信息。

灰色文献信息大体有：内部刊物、内部技术报告、不出版的学位论文、会议资料、地方政府信息。这些“灰色文献”信息流通量很小，范围也较窄，不易收集。如今，充分利用这些“灰色文献”正逐步被人们所认识。在一些发达国家都成立了相应的机构研究“灰色文献”。如英国图书馆外借部（BLLD）自1963年就成立了专职机构负责收集“灰色文献”。

以上我们讲了十大信息源（也称十大情报源）和不公开的“灰色文献”信息源。随着网络时代的来临，网络信息资源也得到了大家的认识和利用，本书的下篇将对其作详细的介绍。

第三节　馆藏文献信息资源的收集

文献信息资源的收集是图书馆根据各自的目标和读者需要，选择文献并通过购买等多种方式获取文献，以积累和补充馆藏的工作。文献信息资源的收集工作是图书馆工作的一个重要环节，专业性和技术性都比较强。

早期的文献信息资源的收集工作通称“采访”，意思是“访而求之，收而广之。”以后又称“藏书补充”和“藏书组织”，现在又称“藏书建设”。

文献信息资源收集工作的好坏，直接影响图书馆的服务质量和服务水平，它应遵循一定的原则，确保建立科学的、实用的并且有一定特色的馆藏文献信息资源体系。

为做好文献信息资源收集工作，首先要进行调查。一是调查图书馆所处地域的政治、经济、科技发展水平与需求；二是调查读者的需求，然后确立收集原则，包括收集范围，收集重点，收集标准，复本数量等。文献信息资源采集对象包括图书、期刊、报纸、视听资料、电子出版物等。

一、文献信息的收集途径

对于文献信息的收集人员来说，一般从以下几个途径收集文献：

1. 各类图书目录的收集

收集的各种图书目录是了解文献信息资源最主要的渠道。从我国的情况来看，主要有两种书目：一是全国性书目，如新华书目报中的《科技新书目》、《社科新书目》，还有《标准新书目》和《全国古籍新书目》；二是地方性书目有《全国地方科技新书目》等。在掌握了书目后，还要将书目筛选、分类，从中选出适合收集原则的文献信息。最后还要注意保存这些书目，以便日后复查。

2. 各类出版社目录的收集

收集各类出版社的出版目录是了解出版文献信息的最直接的方法之一。从中可以了解各出版社的出版特色、出版内容，以便选择符合要求的文献。

3. 参加各省、市举办的各种书展

各省、市举办的书展一般反映了各地出版信息、文献资源现状，既是各种出版物的集合，也是掌握各种出版物信息的绝好机会。

4. 读者提供的需求信息

应采取各种方法与读者沟通联系，让读者及时提供各种文献信息，对信息收集部门的文献收集提出有益的建议，针对读者的各种需求进行文献信息收集，尤其是对教学、科学研究有较大参考价值的文献信息的收集。

5. 了解高校专业设置和学科发展

高校图书馆文献信息收集人员还应了解学校专业设置情况和相关学科发展情况。如果对本校有关科研、课程设置、学校发展计划不了解或不清楚的话，是难以搞好文献信息的收集工作的。

二、文献信息的收集方式

1. 向新华书店报送预定单

这是收集文献的主要形式之一，它直接影响着文献收集工作的质量。这种预定主要是根据《科技新书目》、《社科新书目》和《标准新书目》上出版信息进行选定，填单上报。书目所列图书面广量大，各种图书混杂，所以必须根据馆藏文献特色、收集原则选订，还要注意征订的连续性。

2. 直接到书店选购

这也是收集文献的形式之一，其特点是直接面对所需文献。与预订相比，到馆时间短，进而也缩短了与读者见面的时间。但主观性较强，容易购重。一般选购应做到少而精。

3. 向出版社订购

目前，有些图书的发行并不通过新华书店，而是由出版社直接发行，这就需要向出版社直接定购。向出版社直接订购，可减少中间环节，速度快，到书率高，而且还能建立长期业务联系，有利于图书馆文献信息的收集工作。

4. 通过单位和个人进行收集

非公开出版的内部资料，是图书馆文献收集的一个主要内容，有的资料十分宝贵。这类文献可以通过有关单位或个人进行收集。

5. 交换

文献信息管理机构与另一些文献信息机构之间进行文献交换，同样是收集信息的一种方式。

6. 复制

包括静电复印和缩微胶片等。

7. 征集

对地方、民间有关单位或个人征集历史档案、书籍、手稿等。

8. 其他

如租借、接受捐赠、现场收集、索取等。要把这些方法掌握好，还需做深入细致的调研工作，不仅要了解家底，还要熟悉各种信息资源情况特点，学会利用各种检索刊物和工具书。对所存在的问题也要心中有数并进行积极改进。

三、文献信息的收集原则

1. 计划性原则

所谓计划性原则，就是既要满足当前需要，又要照顾未来的发展；既要广辟文献信息的来源，又要持之以恒，日积月累。要根据馆藏目标、馆藏原则、馆藏特色和经费情况制订收集计划，还要根据本馆实际情况进行定期调整或修改。

2. 节约性原则

文献信息收集的质量主要从馆藏目标、特色和收藏价值等方面进行评估。应尽量避免重购、漏购、误购。无论从经费、文献价值、馆藏空间等方面都应注意节约性原则。

3. 预见性原则

预见性原则即文献收集人员要在广泛了解本单位专业发展、社会需求和对未来有关学科发展趋势的基础上，对新学科和交叉学科的有关文献信息进行收集，为科研和未来发展服务。收集那些对未来发展有指导作用的预测性文献资源，始终为读者提供最新的信息。

4. 全面、系统原则

文献信息的收集要有针对性、有重点地进行，应有所侧重，有所选择。所谓全面、系统是指时间上的连续性和空间上的广泛性，尽可能全面地收集符合本单位所需的文献资源，注意重点需求文献的连续性和完整性。

5. 制度性原则

收集到的每一种文献，都必须按规定进行验收、登记、核对价格、编号、建账盖章等，做到能够落实每本文献的去向，健全移交手续。

第四节　馆藏文献信息的整理和编目

文献编目是对文献信息内容的揭示，它为检索文献提供了一条重要途径。文献只有经过编目加工才能进行科学的组织，才有提供利用的基础。下面对编目工作的基本知识和基本方法作一介绍。

一、文献编目工作的意义和作用

文献编目是按照特定的规则和方法，对文献进行著录和组织成目录的过程，其主要作用是揭示文献的内容和反映文献的物质特征，并使之有序，以宣传报道文献和提供检索利用文献的途径。

二、文献编目工作的基本内容

文献的编目工作有两项基本内容。

1. 文献的著录

文献著录根据《文献著录总则》（GB 3792－83）、《文献目录信息交换用磁带格式》（GB 2091－92）等，对文献的外部特征进行描述。传统的著录加工是对文献著录成一张卡片；计算机著录方式是对文献的基本信息进行录入而形成一条记录。不管是手工著录，还是计算机著录，其描述文献特征的内容是一致的，都包括：题名与责任者项、版本项、文献特殊细节项、出版发行项、载体形态项、丛编项、附注项、国际文献标准编号和中国文献标准编号项、提要项等九大项。

2. 目录组织工作

目录组织工作就是按照一定的原则和方法将各种款目进行有序的组织排列（在计算机中自动组织排列）。其组织排列方法主要有字顺组织法和学科系统组织法。字顺组织法是按款目的标目字顺将款目组织成字顺目录，如题名、责任者、主题；学科组织法是按款目揭示的文献学科体系的标识（分类号）将款目组织成分类目录。

三、文献著录项目设置

文献著录是编目工作的基础，是对文献内容和形式特征进行分析、选择和记录的过程。《文献著录总则》为文献著录提出了通用规则，也为我国中外文献的著录规则的制定提供了依据。在我国大学图书馆和公共图书馆等各类图书馆，一般都采用《文献著录总则》为著录依据。前面我们已经讲过，无论是传统的手工著录，还是计算机著录，其描述文献特征的内容是一致的，主要有以下九项。

1. 题名与责任者项

题名是指文献的名称，如书名。责任者是指文献的著者、编撰者或负有责任的个人、团体。具体项目设置如下：正题名一般文献类型标识并列题名其他题名信息责任说明无总题名文献

2. 版本项

版本项反映版本变化的情况。具体设置如下：

版本说明

并列版本说明

与本版本有关的责任说明

附加版本说明

附加版本说明的责任者

3. 文献特殊细节项

本项仅用于著录连续出版物的年、卷、期起讫等文献的特殊记载。

4. 出版发行项

用于著录出版发行情况，由出版发行地、发行者、发行时间组成，还包括版次。具体项目设置如下：

出版地或发行地

出版者或发行者

出版日期或发行日期

印刷地、印刷者、印刷日期

5. 载体形态项

著录文献载体的物质形态特征。具体项目设置如下：

数量及特定文献类型标识

图及其他形态

尺寸或开本

附件

6. 丛编项

丛编是指在一个总题目下，汇集多种单独成为一套，并以编号或不编号的方式连续出版的文献，丛编项著录丛编及有关情况。具体项目设置如下：

丛编正题名

丛编并列题名

丛编其他题名信息

丛编责任者

丛编国际标准连续出版物号

丛编编号

分丛编

其他丛编事项

7. 附注项

是对著录正文进行补充说明，其著录项目应是著录正文的自然顺序著录。

8. 标准编号和获得方式

该项著录国际、国内文献标准编号及有关价格。具体项目设置如下：

国际文献标准编号

中国文献标准编号

识别题名（或装帧）

获得方式（或价格）

附加说明

9. 提要项：提要项是对文献内容进行简介或评述。

以上九个大项中前八项为基本项目，适用于各种文献的著录。但对于不同种类文献，由于其自身的特点有所差别，所以有些项目可作适当调整，如一般性图书著录可减去“文献特殊细节”这一项，连续出版物可增加“馆藏项”，以了解该刊物的收藏情况。

四、文献著录格式

所谓著录格式就是构成款目的各个项在载体上的排列顺序及表述方式，下面我们简单介绍一下检索的卡片式目录的基本著录格式。它是利用标准规格的卡片（国际标准为75 cm×125 cm）进行著录。卡片格式是一种分段著录格式，具体格式如下。

分类号
种次号正题名＝并列题名：其他书名信息/第一责任者；
　　其他责任者．－出版发行地：出版发行者，出版发行年月
　　页数：图：开本＋附件
（丛书名：丛书编号）
　　附注
　　国际标准书号；（装帧）：获得方式
　　Ⅰ书名 Ⅱ责任者 Ⅲ主题 Ⅳ分类号

为了让使用者了解一般图书馆的著录情况，下面分别举例如下：

1. 图书著录格式

TP391．13
277图例Excel2000（中文版）/朱利锟主编
——北京：机械工业出版社，2000．1
（流行软件随学随通系列丛书）

332页，16开
ISBN7－111－07521－8　　35．00元
Ⅰ图… Ⅱ朱… Ⅲ电子表格系统，Excel2000Ⅳ．TP391．13

2. 标准文献著录格式

标准文献包括国际标准、国家标准、区域性标准、部颁标准、企业（行业）标准等。标准著录项目与格式如下：

标准正题名［文献类型标识］＝标准并列题名：标准其他题名信息/标准提出单位；标准起草单位；标准批准单位。——版次及其他版本形式。——标准发布日期；标准实施日期。——出版地；出版者，出版年、月（印刷地、印刷者、印刷年、月）页数：图：尺寸。——（标准类型；标准代号）附注标准书号（装帧）；获得方式

Ⅰ 标准名称… Ⅱ 标准号… Ⅲ 主题 Ⅳ 分类号
对于标准汇编的著录可以参照一般普通图书著录法进行。

需要说明的是：

（1）标准的正题名是指标准专题名称，不包括标准类型（如“中华人民共和国国家标准”字样）和标准编号（如 GB××— ××）。标准提出单位和标准起草单位的信息源为正文末尾的“附加说明”；标准批准单位信息源为正文首项。

（2）由于技术标准是作为生产、建设、检查的一种依据，具有一定的法律效应和权威性，因此其时效性非常强，所以著录时应标明具体的年、月、日。标准的发布时间和实施时间应用阿拉伯数字，年用四位数，单位数月、日前必须加“零”；年、月、日之间用连字符“－”连接。日期后加“发布”、“实施”字样。如：1997－09－16 发布；1998－03－01 实施。

3. 科技报告著录格式

科技报告有别于其他文献类型，它所反映的是最新的科技成果，内容详细、系统而且专深。每篇报告自成一册，有连续编号。某些科研报告因技术保密，发行范围小，发行数量也受一定限制。

科技报告的著录格式如下：

报告正题名［文献类型标识］＝并列题名：其他题名信息/第一责任者；其他责任者。——版次及其他版本形式。——报告完成日期；密级。——出版发行地；出版发行者，出版年月

页数：图；尺寸＋附件——（报告总题目/责任者：报告号）
附注
国际标准书号（装帧）：获得方式
Ⅰ. 题名 Ⅱ. 责任者 Ⅲ. 主题 Ⅳ. 分类

科技报告有内部出版物和公开出版物两类。有的只有封面没有题名页，所以主要信息源为封面；报告完成日期包括年、月、日，应用阿拉伯数字著录，年用四位数，单位数月、日前必须加“零”；年、月、日之间用“-”（连字符）连接。日期后加“完成”两字。

如：2001-08-14 完成

密级分为四级，即：内部、秘密、机密、绝密。

如：2000-11-07 机密

4. 学位论文著录格式

学位论文著录格式如下：

正题名［文献类型标识］=并列题名：其他题名信息/第一责任者；其他责任者．——版次及其他版本形式．专业：研究方向；学位级别；学位授予单位；密级． ——出版地；出版者，出版时间 页数：图；尺寸+附件 附注 获得方式 Ⅰ．题名 Ⅱ．责任者 Ⅲ．主题 Ⅳ．分类

学位论文著录说明：

第一责任者是论文作者本人，其他责任者是指导老师。第一责任者应在姓名后加“著”字，后者加“指导”二字。导师姓名后应注明职称。如：区域公路网规划理论与实践［×l］/顾保南［著］；姚祖康教授［指导］，著录指导教师职称，是学位论文著录的一大特点。另外，学位论文的“文献特殊细节”项著录内容应详细，包括专业、研究方向、学位级别、学位授予单位，密级等。学位授予单位名称后应有“授予”字样。以上款目载体形式是卡片式著录格式。还有书本目录格式和机读目录格式。书本式格式是连续著录格式，特点是体积小，轻便，不需要多大空间，便于携带。但不能及时反映馆藏文献资源的现状。机读目录格式，简称 MARC 目录。最大的特点是一次输入多项检索，编目自动化，有利于集中编目。但它也还是一种存储过程的过度性格式，最终输出的也是卡片式的分段著录格式和书本式的连续著录格式。这里只是编目工作中著录一项的简单介绍，有关详细内容请读者参阅相关文献。

五、目录及其作用

1. 目录及目录组织

目录在我国是目和录的合称。目是指篇（卷）名或书名；录是对目的说明，指简要记录一书内容、著者事迹以及关于一书的评价与校勘过程的文字（相当于内容提要）。把一批篇名或书名及其说明汇总在一起就称为目录。在我国古代，凡有叙录的称为“目录”，无叙录的称为“书目”。只是到了宋代以后，“书目”名称大为通行，就与“目录”相提并论了。而现在“目录”和“书目”不加区别，作为同义词通用。

目录组织就是按照一定的原则和方法将各种款目进行有序的组织排列（在机读目录内由计算机自动组织排列）。分别组织成题名目录、著者目录（也称责任者目录）、分类目录和主题目录。机读目录可由此形成有各种检索途径的书目数据库，实现馆内局域网建设，并与广域网联通。

2. 目录的作用

（1）传递文献信息

当今世界的学科门类不下六七千个，所研究的课题更是难以统计。对于各种学科的研究课题及成果，不可能完全通过某某“动态”、某某“综述”、“文献报道”来及时了解。即便如此，所报道的“动态”、“综述”等也不会全面深入地涉及研究成果的著作、论文及其相关的信息。而书目则能比较全面地收录一个学科或一个课题的文献，并对文献的形式和内容特征做比较准确的描述，有的书目还对文献所含的研究成果和价值做出客观的评述。读者可利用书目了解重点课题研究的水平状况。所以有人说书目信息是科研活动的“信号”信息。书目在反映国内外最新科学技术等方面，实际上是传递科研成果信息的“简报”。

（2）指导阅读

书目不仅具有记录文献客观特征、传递文献信息的职能，同时也具有指导阅读的作用。文献收录范围都需要经过对某学科、某一专题的深入研究，根据读者的需求，对文献进行鉴别、选择，以适当的内容简介加以评述。通过文献目录的检索，读者可以了解到学科内容的水平特征或学术报告的分野，从而得到读书学习的捷径。

（3）提供检索

提供文献检索是目录工作的重要作用。目录传递文献信息、指导阅读的作用都是通过提供检索实现的。众所周知，各类文献都是分别出版发行的，它们之间基本是处于零散、无序状态。编目工作把文献形式和内容进行描述后所产生的通用款目依然是无序的，为了使众多的文献结合成一个有机体，就需要按文献特征及读者需求，将一批款目按照一定的次序编排而成一种文献报道和检索工具——目录，使目录信息成为一个检索体系。

（4）揭示馆藏文献

图书馆馆藏文献是图书馆长期积累的结果，内容丰富而且繁杂，涉及古今中外各个领域，质量参差不齐，版本有新有旧，语言文字种类繁多，单凭工作人员用脑记忆并在需要时将其逐个查找出来是不可能的。而馆藏目录正是人脑的延伸。它通过对文献特征的客观描述，向读者展示了馆藏。使读者了解馆藏文献的概况，从而进一步了解馆藏文献的质量、数量及文献重点，以便更好地利用这些文献。轮船在海上行驶，飞机在天空飞行，之所以不会迷失方向，靠的是罗盘。读者要在知识的海洋中畅游，就要依靠文献检索工具——图书馆目录这个书海中的导航仪。

（5）管理馆藏文献

目录向读者反映图书馆收藏了哪些文献，尤其是其中的联合目录反映了多个图书馆收藏的文献。而且还向读者反映本馆收藏文献的特点，如哪类文献较为丰富，何种文献属于特藏等。向读者反映馆藏文献所在地点，如总目录反映全部馆藏文献，普通读者目录反映基本书库文献、阅览室目录反映辅助书库文献等等。

六、目录的类型

目录是图书馆为适应读者检索文献的需求和图书馆本身开展各项业务工作的需要而产生的检索工具。各馆依据本馆的具体条件，编制有不同性质的多种目录来满足读者的各种需要。这些目录，各有其特点。虽然读者的需求不同，但在一般情况下，都能通过各种类型的目录查找到所需要的文献。由于划分标准不同，目录有不同的类型：

1. 按目录的使用对象分

（1）读者目录

读者目录又称公用目录或公共目录。此种目录主要供来馆的读者在借阅文献时使用，是图书馆公开的目录。这种目录一般安排在目录大厅，也有的放置在各阅览室及各借阅处，以便读者随时使用。

（2）公务目录

公务目录又称工作目录、勤务目录或事务目录。主要是供图书馆工作人员在工作中查询时使用。采编工作中无论是查重，还是核对编目是否正确，都要经常查阅公务目录。

2. 按揭示文献的情况特征分

（1）题名目录

它是根据文献题名的字顺而组织起来的目录。题名目录按照文献的题名来揭示图书馆的文献内容，回答读者从文献题名查询文献的各种问题。读者在已知文献题名的情况下，通过题名目录能很快、准确地查找出所需文献。题名目录的最大特点是将同一书名的各种版本的文献集中到一起。它除反映文献的正题名外，对文献的副题名或期刊中某些重要的篇章题名，必要时也可采用不同的著录方法加以反映，帮助读者从文献的不同方面查找所需文献。题名目录是各种类型图书馆必备的文献目录。

（2）责任者目录

责任者目录（或称著者目录），它是以文献的著者（包括个人、机关团体或会议等）的姓名或名称的字顺组织而成的目录。它从著者人姓名、机关团体名称方面来揭示图书馆文献。如下图所示：

穆木天 旅心/穆木天著．——影印本．——上海：上海书店．1989 140 页；19cm．——（中国现代文学史参考资料．创造社作品专辑） 据创造社出版部 1927 年 4 月版影印 ISBN7－80569－083－9：RMB1．80 Ⅰ．旅…Ⅱ．穆…Ⅲ．诗歌—中国—现代—选集．Ⅳ．I226

责任者目录可以满足读者从著者方面查找文献的多种要求。如：图书馆有无某一人的著作，某一责任者有哪些著作；某一责任者的著作哪些是创作、哪些是译著、哪些是编辑、哪些是与他人合作编著；外国责任者的著作有何译本等。

责任者目录是图书馆目录体系中一种重要目录。从科技文献检索的角度看，它比题名目录更重要，具有更高的参考价值。因为同一著者或同一机关团体发表的文献，在内容上都是围绕某一学科专业，在某一责任者的标目下往往集中了内容相关的文献，具有满足族性检索的意义。

（3）分类目录

分类目录是按照文献内容的学科体系，根据图书馆所采用的图书分类法组织而成的目录。它依照学科体系来揭示图书馆文献内容，将馆藏文献按照知识门类加以系统化，使之显示某一知识门类都包括一些什么方面、什么问题以及关于这些方面和问题都有什么文献，它回答读者从某一学科方面查找文献的问题。在分类目录里可以显示出学科之间的关系，从而为科研、教学工作提供有利的线索。分类目录在图书馆体系中占有非常重要的地位，是利用率最高的目录。

（4）主题目录

主题目录（或称标题目录）是按照文献所研究的内容（题材）的主题词字顺组织起来的目录。它从内容的主题方面来揭示文献，显示关于每个主题都有些什么文献，回答读者从内容的题材方面查询文献问题。在主题目录中，还可以显示出某一主题与另一主题之间的联系和一种文献一共涉及了几个主题，从而进一步引导读者查找有关的文献。

3. 按目录形式分

（1）机读目录

顾名思义它是一种机器可读目录，简称 MARC（Machine – Readable Catalog）。它以编码形式和特定结构记录在计算机存储载体上，计算机程序可以自动控制、处理、编辑和输出目录信息。机读目录的存储载体属于磁性材料，包括磁带、磁盘、CD – ROM 等。机读目录信息只有计算机可以识别，并通过计算机显示器显示出记录或通过打印机打印出目录供读者使用。它的最大特点是：一次输入，多项检索；多样化显示、多样化输出、记载内容兼顾各类读者需要；检索速度快、质量高；编目自动化，有利于实现集中统一编目；可以利用现代化通信设备形成检索网络，实现联机检索。

（2）卡片式目录

卡片式目录是以国际标准规格 75 cm × 125 cm 的纸质卡片为载体的目录。卡片式目录的特点是具有极大的灵活性，可以随编、随排、随时利用、随时剔除，而整个目录组织不受影响。能随时反映馆藏现状。逐步积累、随时增减、不断更新。

卡片式目录虽然有许多优点，但随着图书馆馆藏文献的累积增加和读者要求的提高，它本身固有的缺点也日益显得严重起来。例如，它们体积庞大，占用较大的空间，在目录卡片中，一张款目只能提供一个检索点，不能达到充分的揭示深度，也就不能满足读者或工作人员在《中国文献编目规则》规定的条件下进行检索；由于卡片式目录只能在馆内使用，不能携出馆外，所以它不便于远地的读者或不愿到图书馆来的读者使用等。正因为它的缺点日显严重，所以它在图书馆的地位日趋下降。取而代之的是机读目录。但是，卡片式目录的“退位”取决于各图书馆的技术条件、馆藏文献规模以及读者利用目录的状况如何，绝不可一概而论。由于各图书馆馆情不同，在相当一段时期内，卡片式目录还将会继续发挥它应有的作用。

（3）书本式目录

书本式目录是将文献的各种特征按照一定的规则和格式著录在空白书册上而形成的目录。书本式目录的特点是：体积小、轻便、便于携带；使用不受时间限制，有利于馆际之间的交流，促进馆际互借；它可以一次编成，复制多份，便于长久使用。它的缺点是：到馆文献不能随时编入，所以不能及时反映馆藏文献的现状，必须不断编制补充目录；目录编制多了，查阅起来也不方便，又须再进行编制，造成目录总是落后于馆藏文献的实际情况。这种书本式目录在一般图书馆很难看到，特别是一般高等院校的图书馆。

（4）缩微目录

缩微目录是利用照相技术，将图书馆目录的内容拍摄在感光材料上，利用阅读机阅读的目录。款目在缩微感光材料上的排列方式与书本目录相同，一条接续一条，每一画面中可容纳多条款目。缩微目录的优点是；体积小，可以节约大量空间；编印速度快，可以广泛发行，大量生产成本也不高；既有卡片式目录的优点，又可代替书本式累积目录。

（5）活页式目录

此种目录是介于卡片式目录与书本式目录之间的一种目录形式，由记录文献特征的一张张活页组织而成。其最大的特点是：目录中的活页可随时增减，而不影响其他部分。

（6）张贴式目录

顾名思义，张贴式目录是以列表张贴形式出现的目录，主要用于期刊、报纸阅览室。

以上，我们就图书馆文献信息资源的整理、编目进行了一般性介绍。图书馆目录体系的设置是根据本馆的类型、任务、馆藏文献规模、文献资源组织、工作部门以及读者的要求来决定的。图书馆编目工作有很多具体内容，希望读者参阅相关的文献，以增加对图书馆编目工作的认识，以便更好地利用图书馆。

第三章　图书馆服务

第一节　服务工作在图书馆中的地位和作用

一、服务工作是图书馆一切工作的出发点和归宿

图书馆的服务工作内容十分广泛，它包括许多环节，但主要都是围绕着如何为读者服务而展开的。这些服务工作大致可分为直接性服务工作、间接性服务工作和保障性服务工作三种。

1. 直接性服务工作

直接性服务工作，也就是读者服务工作，是指与读者发生直接关系的那部分工作，这是图书馆服务工作的主体。它不仅包括文献借阅、参考咨询，而且还包括情报信息、宣传报道、读者教育、技术服务以及馆际互借与文献传递服务等。

2. 间接性服务工作

间接性服务工作是图书馆的一项基础工作，它包括图书馆的采购、分类、编目以及各级管理工作。从形式上看，这些工作不像一线工作那样直接与读者发生关系，但从实质上看，这些工作的成果最终都是为读者所利用，即为读者服务的。如采购工作，这是图书馆各项业务的物质基础，虽然采购工作本身从表面上看与读者没有直接联系，但采购来的书刊资料归根结底还是为了读者利用。分类、编目工作亦是如此，它使纷繁零乱的文献有序化，从而便于读者查找、利用，提高了读者查阅文献的质量和效率。管理则能从整体上增强图书馆的计划性和组织性，提高图书馆的控制和决策能力，进而更科学、合理、有效地为读者服务。

3. 保障性服务工作

图书馆的保障性服务工作包括很多方面：党务工作、行政工作、思想政治工作、劳动福利工作、环境工作等，而所有这些工作都是为了能从各个方面为图书馆搞好读者服务工作打下一个良好的基础，提供强有力的保障。比

如：做好党务工作，可以使党员在工作中更好地发挥先锋模范作用；做好工作人员的政治思想工作，可以不断提高全体职工的政治觉悟和思想水平，充分调动大家的积极性；做好劳动福利工作，可以激发全体人员的工作热情和积极性、创造性；而营造一个良好的工作环境与氛围，既可以使工作人员心情舒畅，也可以使读者拥有一个舒适的阅览环境，从而提供工作效率和服务水平。

二、服务工作直接体现了图书馆的性质、职能、方针和任务

图书馆的性质只有通过图书馆的服务活动才能体现出来，其体现的程度，完全取决于图书馆服务工作满足读者的需求程度。图书馆的职能也是通过服务工作才能得以体现。试想，图书馆若离开馆藏文献的开发利用，离开直接为读者服务的工作，那么图书馆也就没有了存在的价值。图书馆工作的基本任务是为社会主义物质文明、精神文明建设服务。所有这些都要落实到图书馆的各项工作中去，都要通过为读者服务的一系列活动来加以体现。否则，再丰富的馆藏，再先进的技术和设备，不开展服务工作，图书馆的方针、任务只能是纸上谈兵。

三、服务工作使图书馆实现了自身的社会价值

图书馆的社会价值取决于它的文献价值。因为图书馆的社会职能最终是通过文献流通，完成文献与读者的结合来实现的。而要实现这一结合，必须使文献进入流通、利用过程。

流通的效率和利用效果则在于图书馆能否向读者提供优质服务。也就是说，为读者服务得越好，图书馆文献的作用也就发挥得越充分，图书馆的社会价值也就越高。图书馆不但要把书刊资料采购好、管理好，而且更重要的是要把它们使用好。为此，要多渠道、全方位、高速度流通，要在服务工作中树立读者至上、服务第一的观念，在工作实践中不断研究探索，改革传统流通服务方式，提供优质服务。图书馆的社会价值不但与社会的文献需求成正比，而且与图书馆的服务工作息息相关。图书馆为读者服务工作做得越好，就越能满足读者的文献需要，图书馆就越能实现其文献价值，从而最终实现自己的社会价值。就这个意义上说，图书馆的形象好坏、社会价值大小，完全是由图书馆的服务工作决定的。当服务与需求两者同步、和谐一致时，图书馆就充分实现了自己的存在价值。

四、服务工作是衡量和检验图书馆业务工作的尺度

一般情况下，读者往往根据服务工作的优劣来评价一个图书馆的工作的好坏；而图书馆的其他业务工作，必须通过读者服务工作才能得到检验。例如，采集的书刊数量和质量如何，哪些有用，哪些用处不大，哪些缺藏；分类、编目是否正确，目录体系是否健全完善；文献的管理是否科学系统；规章制度是否合理等，所有这些都能在服务工作中得到衡量和检验。

五、服务工作是馆藏文献与读者之间的桥梁和纽带

文献是图书馆服务工作的物质基础，而读者则是图书馆服务工作的灵魂。如何使文献被读者广泛深入地利用，从而最大限度地满足读者对文献的需求，其关键在于图书馆的服务工作。可以说，读者服务工作在读者和馆藏文献间起着桥梁和纽带的作用。它能解决两者间存在的矛盾，即能解决读者阅读需求的无限性与馆藏文献有限性之间的矛盾；能解决读者需求的专门性与馆藏文献的复杂性之间的矛盾；能解决读者需求的个别性与资源共享的公共性之间的矛盾等。服务工作做得好，就可以使馆藏文献与读者互相沟通，紧密相连，读者的需求就可以转化为文献的充分利用。

第二节　文献流通服务

文献的流通服务是指图书馆根据读者的阅读需求，直接为读者提供馆藏文献的服务活动。文献流通服务是图书馆的主要服务内容，是图书馆工作的前哨，流通服务质量的高低直接反映了图书馆的工作水平。一般来说，文献流通服务主要包括文献外借服务、阅览服务、馆际互借、馆外流通等几个方面。

一、文献外借服务

文献外借服务是指为满足读者阅读需求，通过一定的手续，允许读者将文献借出馆外，进行自由阅读，并在规定的期限内归还的服务方式。外借服务是图书馆为读者服务的最主要形式，也是图书馆最基本的服务工作之一，是读者利用图书馆文献的主要渠道和图书馆传递文献信息的主要手段。

1. 文献外借服务的原则

不同类型的图书馆在进行文献外借服务时都要遵循一定的原则。这些原

则是在文献外借过程中长期摸索出来的规律，它不仅符合图书馆外借服务的需要，也符合广大读者对图书馆外借服务提出的要求。

（1）充分利用文献原则

现代图书馆不是知识的储藏所，而是读者和人类知识资源产生有效的相互影响的信息流动中心。因此，图书馆要以“一切为了读者”为出发点和归宿，有效地、及时地揭示馆藏和推荐馆藏，千方百计吸引读者，最大限度地方便和满足读者，在不断地流通外借中，充分发挥馆藏文献的作用。

（2）区别对待原则

区别对待原则就是有针对性地满足不同类型读者的不同需要。图书馆所收藏的文献是个多等级、多层次、多类型的动态结构，而读者的成分和需求也呈现出多类型、多层次的状态。文献外借服务要根据本馆的性质和任务，正确地区分重点读者和一般读者，并用不同内容、不同类型、不同文种和不同深度的文献信息，满足这些不同读者的文献需求。

（3）有益性原则

图书馆丰富的文献资源，不仅是记录、传递科学知识的载体，也是丰富充实人们思想境界的精神食粮。图书馆通过文献的外借，可以影响读者的心灵，启迪读者的思想，陶冶读者的情操，引导读者树立正确的人生观和价值观，对读者具有一种潜移默化的影响和教育作用。因此，文献外借的有益性，是保证读者开卷有益及检验外借服务工作的一个最重要、最基本的指标。这项原则要求图书馆外借人员要研究读者的阅读倾向，坚持有选择、有目的、有针对性地将内容健康、品位高尚的文献提供给读者。

（4）及时性原则

文献外借服务，使文献在图书馆与读者之间来回传递，反复流通使用，形成了文献流通的反复性和长久性，也使外借服务成为图书馆经常性、最大量的工作。这种工作要求图书馆外借人员必须讲时间效率，能准确迅速地向读者提供所需的文献，以节省读者时间。

（5）主动性原则

图书馆的各项工作，归根到底是为读者服务，方便读者利用。而外借服务，则是图书馆各项工作的前哨，其任务是“为人找书，为书找人”。因此，图书馆外借人员应把主动服务、满足读者需要作为工作的最高准则。

2. 外借处的设置

不同类型的图书馆，可以根据自己的实际情况和条件，本着有利于读者更好地利用馆藏文献资源的目的，合理布局与安排。主要有以下几种类型：

(1) 普通外借处

普通外借处也称为总借书处或综合外借处，它是利用图书馆的基本馆藏文献，为本馆所有读者服务的阵地。

(2) 分科外借处

分科外借处有的是按照知识门类设置的外借处，如自然科学书籍、社会科学书籍、文艺书籍、科技书刊等外借处；有的是按读者情况设置的外借处，如公共图书馆为科学技术人员设置的科技借书处、高校图书馆为教师、学生分别设置的教师外借处、学生外借处等；有的是按出版物类型设置的外借处，如图书、期刊、报纸外借处等；有的是按照文种设置的外借处，如外文书刊外借处、少数民族文字书刊外借处等。

3. 外借处的组成

一般图书馆的外借处由三部分组成：目录厅（室）、出纳台和书库。

目录厅（室）内存放着各种卡片目录供读者查找使用。一般来说，图书馆目录厅（室）设有书名目录和分类目录，有的图书馆还设有著者目录、主题目录等供读者使用。随着计算机的日益普及，许多图书馆还在目录厅（室）配有计算机公共查询系统，读者可以通过计算机了解到馆藏文献的各种信息。在一些大中型图书馆，目录厅内还设有问询处，配备有专人辅导读者查找目录、解答读者的口头咨询。

出纳台是读者办理外借和归还文献手续的地方，通常设在书库的出入口，也有的设在图书馆的出口附近。在校园网络环境较好的大学里，读者办理预约和续借手续，可以不必亲自到图书馆里来，而是在办公室、实验室、宿舍或家里，通过网络自行办理。图书馆也可以通过网络对读者进行催还和发送取书通知。

书库是图书馆保存馆藏文献的地方。“书库”是通称，并非仅保存图书。有些图书馆将图书和期刊以及其他文献，分别保存于不同的书库，形成普通书库、期刊库和各种专门书库；也有图书馆将图书与期刊合订本统一按索书号排列，形成总书库。有的图书馆还在书库里放置一些桌椅，供读者阅览时使用，这就是书库兼作阅览室。

4. 外借文献的提供方式

在文献外借工作中，文献的提供方式关系到文献能否被充分利用，读者能否方便地使用，也关系到工作人员的工作效率。外借文献的提供方式概括起来有两种，即闭架方式和开架方式。开架方式中又有全开架和半开架之分。

（1）闭架方式

闭架方式有利于文献的保护。在注重保存文献的情况下，图书馆大多采用闭架方式。采用闭架方式，读者不能直接到书架上挑选书刊，必须通过目录和工作人员作媒介，才能借到书刊。因此，不仅手续繁琐，等候取书的时间很长，而且，读者仅凭目录很难了解到文献的全貌。所以，在闭架的情况下，借出的文献带有较大的盲目性，常常不是最符合读者需要的。

此外，工作人员在闭架的情况下忙于进库取书、归架，工作量很大，很难抽出时间和精力开展更深层次的工作。

（2）开架方式

开架方式较之闭架方式有很多优点，读者可以直接进入书库，随意浏览，可以自由选择所需要的文献，不再需要通过目录和工作人员作媒介。因此，可以减少闭架借阅时的盲目性，并可以简化手续。开架借阅能够拓宽读者的视野，提高阅读的积极性，吸引更多的读者利用图书馆的文献。读者在以内容为依据排列的开架书库中，除了直接选择文献外，还接触到许多原先不了解的文献，开阔了视野，启发了潜在的需要，增长了知识，扩大了阅读范围。

另外，许多边缘学科、新兴学科的文献在闭架时往往不被读者注意，有些书名不能反映内容，也不易被读者了解，借阅率很低，甚至长期压架。由于开架，文献能够广泛被读者接触，许多未被利用的文献找到了合适的读者，扩大了文献的流通范围。开架借阅也使图书馆工作人员从繁忙的进库取书劳动中解脱了出来，有更多的时间接近读者，了解读者的需求，开展宣传辅导和信息咨询工作。

开架方式有许多优点，但也存在不足。主要是文献容易乱架、破损、丢失，不利于文献的保护。

（3）半开架方式

所谓半开架方式，即读者只能看到排列在书架上的图书脊背，书架表面有金属网或透明玻璃。读者可望而不可取。读者通过书脊初步选定所需要的图书后，再由工作人员取下借给读者。这种方式可使读者省去查找目录、填写索书单、等候取书等手续。

5. 文献外借规则

为了保证外借服务正常而有序地进行，图书馆要制定相应的外借规则。外借规则对于馆藏文献的出借范围、读者外借文献的数量和借期、续借手续以及催还、过期罚款、丢失与损坏的赔偿办法等方面都作出了十分详细的规定。通常，可外借的文献主要是普通图书，有的图书馆还出借期刊合订本、教学用录音带和录像带等。借书数量和借期长短根据文献类型和读者个人状态进行变化。大多数外借文献在没有其他读者预约的情况下，可以办理延长借期手续，即续借。如果有其他读者预约，图书馆则会提醒持有被预约文献的读者，在规定时间内归还。未能按期归还文献的读者，图书馆会有相应的处罚措施，或一段时间内停止其借阅文献，或进行经济处罚。造成文献丢失或损坏的读者，必须进行赔偿。所有图书馆都严禁使用他人借阅证外借文献。并非图书馆收藏的所有文献都可以外借，比如古籍珍本或善本书、工具书、学位论文、现期期刊等一般是不外借的，这些都会在图书馆的外借规则和馆藏目录中作出说明。

6. 文献外借服务的具体形式

（1）个人外借

这是专为个人读者提供文献借阅服务的一种方式。有借阅权的读者（即来馆办理了借阅证的个人）凭有效借阅证件可以以个人的名义直接向图书馆借阅文献。它是一种主要的图书流通方式。由于读者的需求千差万别，兴趣爱好各有不同，通过个人外借可以使每个读者都能借到适合自己所需要的文献，满足读者各种各样的阅读需要。

（2）集体外借

集体外借是以集体的名义向图书馆借阅文献的一种外借方式。它能够根据读者需要合理分配书刊，保证了外借文献的针对性和计划性。由单位的代表作为集体外借的联系人到图书馆办理集体外借手续，一人借书，多人利用，节省了大家的借阅时间，提高了文献的利用率。集体外借必须有专人负责，对集体外借的范围、文献种类、数量也要有适当的限制。

（3）预约借书

预约借书是图书馆在书刊复本量少而借阅人数多的情况下所采取的一种保证重点读者或急需读者需要的服务方式。其优点是能够满足急需，保证重点，加速周转，书尽其用。预约借书主要有借书预约、新书预约、待查预约三种形式。预约服务，能够满足读者的特殊需求，同时可以降低书刊文献的拒借率。

二、文献阅览服务

阅览服务是指图书馆利用一定的空间和设施，组织读者在图书馆内进行图书文献阅读的服务方式。它是图书馆的一项重要服务内容，是读者利用文献信息进行学习研究的重要形式。阅览服务旨在以最少的书刊文献最大限度地满足读者的各类需求。开展阅览服务，不仅可以提高文献的利用率，同时，在阅览室中，读者还可以得到工作人员的辅导和各种帮助。

1. 阅览服务的特点

（1）阅览室一般都拥有宽敞的空间、舒适的桌椅、明亮的光线、整洁的环境、安静的气氛和浓厚的学习氛围，非常适宜读者学习、研究。有的阅览室还配备有现代化的设备，如缩微设备、视听设备、复制设备等，可以方便读者阅读电子期刊、缩微文献，以及复制所需要的知识信息。

（2）阅览室配备有种类齐全、内容丰富新颖、使用价值较高的各种书刊资料，包括不外借的文献，如期刊、报纸、工具书、二次文献、特种文献等，这些文献都优先保证阅览室阅读参考。

（3）读者在阅览室阅读学习的时间多、周期长，有的读者甚至长期连续利用阅览室学习研究，工作人员接触读者的机会多，便于系统观察了解读者的阅读倾向、阅读需要、阅读效果，便于有针对性地进行推荐文献、指导阅读、参考咨询等服务。

阅览服务虽然有许多优点，但也有一定的局限性。如读者必须亲自来图书馆才能利用书刊资料；来馆必须是在指定的开馆时间内，并要受到阅览座位的限制等，这些也都会给读者带来一定的不便。

2. 阅览室的类型

图书馆可以设置各种类型阅览室，发挥各自的作用，并使它们形成相互配合、相互补充、有机联系的阅览室体系，以便尽可能全面而又有区别地满足各类读者的不同需要，这是搞好阅览服务的基本保证。我国各类图书馆设置的阅览室，归纳起来大致有三种类型：普通阅览室、专门阅览室和参考研究室。

（1）普通阅览室

这是一种综合性的阅览室，是一般性阅读参考自学的阅览场所。这种阅览室备有常用的书刊资料，范围综合广泛，读者对象不限，书刊资料利用率较高。按使用方式大致有以下几种形式，如单独配备辅助书库的普通阅览室，这种阅览室闭架借阅，就室阅览，当班归还；又如开架阅览室，室内陈列读者常用的书籍、报纸、期刊以及有关的检索参考工具书等，供读者自由使用；再如读者自带书刊自学的阅览室，主要为读者自学复习提供学习场所。

（2）分科阅览室

这是为特定读者的不同需求而设立的专门阅览室，是各种类型图书馆阅览服务的主体部分。根据学科知识类别，一般划分为社会科学阅览室、科技阅览室、文艺阅览室等，这些阅览室系统地集中了某些学科范围内的藏书，供读者按专业、课题查找利用文献，极大地方便了读者在学科专业方面拓展知识面的需要；根据读者类型，一般分为教师阅览室、学生阅览室、科技读者阅览室等，根据文献载体，一般分为报刊阅览室、古籍善本阅览室、文献检索阅览室、特藏阅览室、缩微资料阅览室、视听资料阅览室、多媒体阅览室等，这样可以更好地管理和集中使用类型特殊的文献，满足读者对这些文献的系统检索及参考需要。

（3）参考研究室

参考研究室是一种特殊类型的阅览室，它是为满足科学、教育、文艺及其他专业工作者从事某项研究创作的需要而开设的，这里配有可供参考的有关方面的大量图书文献。参考研究室一般规模较小，是根据研究或创作的需要临时设立的，它从书库中提取有关的专门文献放在这里，待一项研究、创作任务完成后，就予以撤销，或转归其他研究、创作任务使用，或仍旧归还书库。

3. 文献阅览服务的原则

图书馆文献阅览服务，是以更好地发挥图书馆的教育职能和信息职能为宗旨，除应坚持外借服务中所应遵循的基本原则外，还要着重强调两点：

（1）树立热情服务的思想

树立热情服务的思想，完全体现了“一切为读者”的精神，全体工作人员的工作都应以读者是否真正利用了阅览室提供的条件为出发点，并表现于行动的过程和归宿中。这就要求工作人员要树立全心全意为读者服务的思想，一切从读者的根本利益和实际需求出发，传递知识信息。此外，工作人员还要具有良好的职业道德，在为读者服务中做到文明礼貌、主动热情、耐心细致、认真负责。要求工作人员不仅要有良好的愿望和满腔的热情，而且要刻苦钻研业务，掌握过硬专业技术本领，为读者服务达到优质水平。

（2）坚持充分利用文献的原则

坚持充分利用文献的原则，工作人员必须做到科学地管理好文献，为文献的充分利用创造基本条件。其次，要对文献阅览室进行合理布置，给读者以方便和舒适感。将读者经常使用的文献摆放在他们感到最方便的地方。再次，要尽量扩大阅览面积和开架范围，使读者有更多的机会直接接触文献。

坚持充分利用文献的原则，还要求工作人员要积极、快速地传递文献。阅览室工作人员必须将本室所收藏的各种文献，通过各种渠道进行宣传，编制各种类型的目录、索引、文摘、快报等，使读者用较少的时间，就可以迅速准确地检索到所需文献。

三、馆际互借服务

1. 馆际互借的意义

馆际互借是指图书馆之间利用对方的馆藏文献来满足读者需求的一种服务方式。馆际互借可以满足读者的多种需求。各图书馆由于本身性质、经费等限制，即使馆藏比较丰富，也难收尽国内外的各种文献，很难满足读者多种多样的需求。因此，当读者特别需要某种文献，而本馆又未入藏时，可通过馆际互借的办法互通有无，以充分满足读者的需求。这种文献流通形式，不仅运用在地区范围和全国范围内的馆际间，而且还发展到国际范围内的馆际之间，打破了文献流通的部门分割界限，也打破了读者利用馆藏文献的空间范围界限。所以，馆际互借是充分发挥文献作用的有效措施，也是实现资源共享的重要手段。

2. 馆际互借的方式

建立馆际互借关系的图书馆，对互借文献的范围、办法等都会共同协商，制定出馆际互借规则。其主要内容包括建立馆际互借关系的目的、馆际互借的对象、共同遵守的权利和义务、互借关系的有效期限、馆际互借手续、借阅范围、数量、期限以及损坏、遗失的赔偿办法等。具体服务方式，一般有两种：

（1）在同一地区内，互发通用借阅证，由读者自己到有互借关系的任何一个图书馆或其他文献收藏机构利用文献。

（2）图书馆工作人员帮助读者获取文献。首先读者向图书馆馆际互借处提出申请，图书馆工作人员确定拥有所需文献的图书馆和可接受的价格后，或前往该图书馆将文献借出、复印带回，或向该馆发送馆际互借申请，由对方将所需文献传递过来，馆际互借处收到读者所需文献后，通知读者。

馆际互借一般允许图书外借或部分复印（由于涉及版权问题），但期刊论文或会议论文、专利说明书、标准文献仅提供复印件。国外学位论文需要购买版权后方可获得。音像型文献、计算机软件通常不外借。

四、馆外流通服务

馆外流通是图书馆深入基层的主动服务方式。采用图书流通站、流动车、送书上门等形式，图书馆抽出部分书刊送到工厂、农村、学校、机关或各种活动场所，为不便来馆借阅的群众服务。馆外流通是扩大图书馆服务范围、活跃群众文化生活、密切图书馆与群众联系的重要方式。它能使更多的读者了解图书馆，利用图书馆，对提高全民族的科学文化水平，对科研、生产都具有重要作用。

1. 图书流通站

为了扩大服务、提高服务的覆盖面，公共图书馆在本馆所属的服务范围内，在一些缺少书刊的工厂、农村、学校、居民点等人口集中的地方建立图书流通站。图书馆挑选部分实用性强、思想性强、内容生动活泼、具有科学价值的各类书刊借给广大群众。

2. 巡回流通

图书馆利用汽车等交通工具，将政治、文化、技术、文艺等各类书刊送到距离图书馆较远的农村、厂矿等边远地区，满足因条件限制不能来馆借阅书刊的群众的阅读需求。这种形式的服务占用图书馆的人力不多，但能灵活地为广大地区群众服务。因此，是一种扩大书刊资料流通范围的有效的馆外流通方式。

3. 送书上门

这种服务方式主要用于重点单位、重点科研项目。通过送书上门，进行定题服务，效果显著。另外，这种方式也用于一些残疾、工伤等不能来馆借阅的读者。

第三节　参考咨询服务

所谓参考咨询就是根据读者需要，以文献为基础，通过个别解答的方式，有针对性地提供知识信息的服务，这是图书馆服务工作的一项重要内容。

一、参考咨询服务的意义与作用

1. 参考咨询服务可以充分发挥文献的使用价值

图书馆千方百计地搜集、整理、保管文献，其主要目的就是为了让读者使用。“用”是图书馆收藏文献的主要目的。但是如果只是局限于等待读者上门，借借还还，是远远不够的，还要向纵深发展。既需要主动收集、提供和推荐各种文献，也需要进一步挖掘文献的潜力及其使用价值，进行若干文献的报道和反映，及时传递信息，为科学研究提供高质量服务，从而充分发挥文献的作用。要做到这一点，应该说参考咨询服务是必不可少的一项重要工作。

2. 参考咨询服务是辅导读者阅读的重要手段

参考咨询服务的实质是直接或间接地帮助读者解决对所需文献或某一方面知识了解不足、掌握不够的困难。读者在科研、教学、学习、生产或工作中，往往会遇到一些与利用文献有关的疑难问题，其原因：一是从浩如烟海的文献中，迅速准确地查到某种符合特定需要的事实或资料是很不容易的；二是很多问题往往要通过查检工具书去解决，而工具书并不是每一个读者都十分熟悉的。所以，借助图书馆把自己的需求和某种信息源联系起来，得到文献的提供或参考答案，对于读者来说是非常必要的。比如：按特定课题需要找全有关文献；了解知识更新过程中出现的新概念、新名词和术语等；掌握历史事件的发生及其结果；某些数据、公式的推算；历史上各种纪年与公元的换算；古代文句、词语的解释等，这些都是读者在利用文献中通常会遇到的疑难问题。这些问题涉及的知识领域十分广泛，要解决这些问题必须要有丰富的文献检索知识，掌握参考工具书使用技能。图书馆参考咨询服务的作用就在于根据读者提出的问题，利用各种目录、索引、文摘、词（辞）典、字典、百科全书、年鉴、年表与手册等，查找出具体答案或有关的参考文献，帮助读者克服文献检索或知识上的障碍，顺利开展学习、工作和研究。

3. 参考咨询服务是为科研服务的重要环节

随着现代科学规模的日益扩大、学科的不断增多，各种科学文献急剧增加，文献出版方式和类型也越来越多样，这就使查找文献成为一个难题。而且，由于学科内容相互交错，一个科研课题一般不但要查本专业的文献，还要翻阅大量相关专业的文献。据调查，科研人员进行研究查找文献就要用去1/3 ~1/2 的时间，他们面对纷繁复杂的文献难以充分利用。在查找过程中经常走弯路，因此迫切需要图书馆解决这一矛盾。而参考咨询服务就是为解决这一矛盾而开展的。图书馆的咨询人员是广大科研人员的得力助手，以解答咨询、协助检索、主动报道等方式为他们提供帮助，减少科研人员在搜集查找文献等方面所花费的时间和精力。

除了以上几点外，参考咨询服务通过帮助读者解决具体问题，还可以收到更广泛的效果：一是向读者揭示文献的收藏情况，扩大读者的知识视野；二是帮助读者及时了解和掌握最新的学术、科研成果及其动态和趋势；三是帮助读者熟悉了解参考工具书的使用知识，掌握治学利器。

二、参考咨询服务的类型

咨询工作一般包括书目参考和解答咨询两部分。按照咨询的难易程度以及读者所提问题的内容性质，咨询工作可分为三大类：辅导性咨询、事实性咨询和专题性咨询。

1. 辅导性咨询

辅导性咨询亦称方法性咨询，它在整个咨询工作中占有一定的比重，主要是为读者解决查找文献及利用图书馆过程中所遇到的困难。此类咨询的特点是：①主动性强，参考咨询人员可以发挥本身指导阅读与普及检索方法的作用；②读者提问的重点不在具体文献或文献内容，而在检索方法；咨询人员就可以根据读者的专业和工作性质，将有关专业的主要检索工具及其使用方法介绍给读者。因此，在辅导性咨询工作中，解答的重点不在于提供具体的文献内容和线索，而重在检索方法及利用图书馆的一般常识。

2. 事实性咨询

事实性咨询是指为读者解答关于某项具体知识的疑难。读者在工作、研究、学习过程中，遇到疑难问题，需要通过文献查明某一事物的实质性内容，如查找人物、事件、产品、数据、字、词、图表、统计资料、历史年代等，都属此类咨询，其特点有：范围广、涉及的知识面宽，很难找到内容方面的规律性；有比较成熟稳定的知识内容，表现为特指性强，要求的目的很明确，答案的选择性小；不能只提供文献线索，要给读者具体答案，并要有一定的可靠性。因此，解答此类咨询，首先要了解读者提问的意图，以及是否已掌握了有关知识的来源，然后分析问题的性质，判断出查找的途径，并确定使用何种工具书，通过查阅有关资料获取答案，以口头或书面形式回答读者，同时提供各家见解的参考资料，指明答案出处，以供读者选择使用。

3. 专题性咨询

专题性咨询是针对某一特定主题内容，查询有关文献，提供与该专题有关的文献、文献线索及动态进展信息的服务工作。如查询某一学科、专业的发展概况及动态，某一历史人物的生卒年、传记及其有关的评价等。此类咨询的特点是：读者的提问不是针对某一简单的事实，而是在科研、教学、研究工作中的专门知识；问题的答案应是一个知识系列，即提供关于所提问题的系统知识；学术性强，比较复杂，要做好这项工作，咨询人员需要具备一定的所受理专业的专业知识，并要付出比较艰巨的劳动。

三、参考咨询服务的程序

无论何种形式、何种类型的咨询，除了很简单能够立即给予答复的外，一般可以分为五个基本步骤：受理阶段、调查阶段、查找阶段、答复阶段和归档阶段。

1. 受理阶段

受理咨询是解答咨询的第一个阶段，也是咨询服务中的一个重要环节。掌握了咨询问题的要领，就可以有针对性地向读者提供所需文献，为解答咨询创造良好条件。无论读者是通过口头、书面、电话或信函等方式提出的咨询问题，还是图书馆主动了解到的咨询问题，都必须先弄清楚读者提问的目的和具体要求，包括读者的职业、工作性质与承担的任务等。弄清读者对文献的具体要求，如文种、年代、学科范围、已掌握的文献线索和已查过的工具书种类等。

2. 调查阶段

在受理咨询后，就要对有关文献进行深入细致的调查研究，找出问题的关键所在，为进一步的查询工作奠定基础。首先要调查了解所受理课题的学科范围、性质、当前的发展水平、现状，对于不甚了解的新兴学科或较专深的内容要注意学习、掌握，因此调查阶段也是一个学习、提高、发展的过程。其次还要调查了解咨询者的情况，对其人员数量、常识及业务水平、咨询课题的整个计划进行了解。同时对于咨询者研究工作中的现实情况，如已经掌握了哪些文献及查找线索，研究进行到了何种程度，今后重点需要如何等，都需要进行详细调查、分析，以便有的放矢地进行文献查询工作。

3. 查找阶段

首先根据咨询问题的性质确定应使用的工具书。这一过程往往因问题而异，一般很难在一开始就拟订出完善的查找方案，需要在查找过程中不断补充和修改。常用的检索工具有书名目录、分类目录、著者目录、主题目录以及索引、文摘和各种工具书。查找文献时，必须重点掌握有学术价值和利用率较高的著名辞书，了解其性质、作用和特点。同时，在查找答案的过程中，工作人员要及时与提问者取得联系，将初查结果与中途产生的问题提交读者，听取意见。在一些情况下，与读者的交谈会给咨询服务人员以某些启示，有助于问题的解决。这一步骤是咨询解答的核心，是实质性工作的过程。

4. 答复阶段

在经过上述几个过程后，要对已取得的文献及检索线索进行可靠性、及时性及实用性等方面的审核。确定后，进行登记、整理、编排，正式提供给咨询者。在有多种解答方案而又难以取舍时，要把几种方案都提供给咨询者，让其自行选取。在一时不能提供直接答案时，可提供参考性文献及二、三次文献检索线索或较详尽的系统性资料。

5. 归档阶段

读者所提问题中可能有以前解答过的，或解决途径类似的，为避免重复劳动，可以查阅咨询档案，直接找到答案或解决部分问题。因此，每次咨询课题处理完毕后，都要填写读者咨询服务登记表。登记表内容主要包括读者情况、咨询课题内容、处理过程、解答情况以及提供的文献简目、解决问题的效果和遗留问题等。有条件的还可以把文献简目编辑成专题书目，供更多读者使用。

四、参考咨询服务的要求

1. 积极主动

参考咨询人员要主动与用户保持密切联系，及时了解和掌握读者的需求，并推荐最新文献。

2. 有针对性

咨询答案要有针对性，要使“提问与解答”之间保持高度的一致性，使读者的问题真正得到“诠释”。

3. 出处明确

咨询答案要以书为证，以文献记载为依据，并要注明出处。

4. 获取原文

专题性咨询提供给读者的文献不能仅是二次文献提供的线索，还要核实馆藏。如果本馆无藏，则要帮助读者通过馆际互借、复印等方式获得，最起码要告诉读者在什么地方可以获得文献。

5. 服务及时

必须注意时间观念，根据用户提出的咨询课题，迅速及时地解答读者的咨询问题。

6. 注意保密

属于国家机密的内容、学生作业、竞赛题等不予解答。

第四节 情报信息服务

当今社会，科学技术飞速发展，充分发展利用情报信息资源，就成了图书馆读者服务的重要内容。培养读者的信息意识和利用信息知识的技能，熟悉图书馆信息服务的内容和方法，有助于提高其自学、更新知识和分析解决问题的能力，以便在日趋激烈的竞争社会跟上时代的潮流。

一、情报信息服务的意义和内容

所谓情报信息服务，就是运用科学的方法，把国内外有关的科学知识和最新的科研成果，有计划、有目的、准确、及时地提供给用户使用的一项科学技术工作。

随着科学技术的飞速发展，科研成果的数量以空前的速度增长，大量的新知识不断涌现，使人们应接不暇，以至于有些知识、信息人们还没来得及消化、吸收、利用，就被淹没在文献的汪洋大海之中了。与此同时，大量内容空洞、陈旧，甚至错误的文献混杂在有用的信息之中，造成“信息污染”。这种情报信息的无序状态，给人们吸收利用情报信息带来很多困难。而另一方面，由于信息社会的发展，人们对于信息的需求越来越大，越来越精细、准确、迅速，甚至深入到文献中的某一个知识单元。因此，图书馆传统的被动式服务方式，已越来越难以满足读者的需要。这种需要的不断增强，便逐步形成了图书馆的情报信息服务工作。

通过有组织的情报信息服务工作，对含有所需情报信息的大量文献进行专门地收集、加工、整理、分析研究和传播服务，能够有效、系统地帮助科技工作者吸收已有的科研成果，借鉴他人的经验教训，并把世界科学技术先进水平作为自己进一步开展科学研究的新起点，从而大大提高科研工作效率，保证经济和科学技术的高速发展。可见，经济的发展、科技的进步，都离不开情报信息工作。因此，可以说情报信息服务工作是一项先期的科学研究工作。

情报信息服务的内容很多，主要有书目服务、定题服务、编译服务、文献检索服务、科技查新服务、信息调研服务等，其中文献检索服务将在本书第四章作专门叙述。这里对其余的服务形式进行介绍。

二、书目服务

书目服务是一种以利用文献为基本目的而从事的书目编制与利用的学术

性工作。

1. 书目服务的作用

（1）书目服务是图书馆和文献信息部门揭示、报道文献、进行情报信息服务的重要手段。

书目服务是以文摘、索引等二次文献报道为手段，经过系统、科学的编排广泛迅速地揭示与报道大量国内外有关某一专题的发展动态、出版、收藏情况。这样可以节约读者检索文献的时间，开阔视野，也有利于实现资源共享。

（2）书目服务是图书馆和文献信息部门扩大读者服务范围，提高文献利用率的有效方式。

书目服务使读者通过对文摘、书目、索引的查找，掌握所需的文献线索，从而进一步获取原始文献。图书馆和文献信息部门编辑的文摘、书目、索引等二次文献，有的是正式出版发行，有的作为内部出版物与其他有关单位进行交流，书目服务使非本馆读者有可能获取这些检索资料，其中有的是跨部门、地域，甚至是国际性的，这无形中就扩大了读者服务范围。同时，也提高了文献利用率，从而使图书馆和文献信息部门的读者服务工作质量得到提高、发展。

（3）书目服务是图书馆和文献信息部门开展业务工作的重要环节

在图书馆和文献信息机构的全部工作过程中，各个环节都离不开书目。比如对于采编工作而言，需要通过书目来了解掌握国内外文献的出版情况、近期出版动态，通过联合目录及馆藏目录了解其他馆文献的收藏情况等，这些是获取文献来源最重要的方式。同时编目人员也要通过目录了解馆藏情况，进行查重等工作。对于读者工作而言，图书馆需要用书目来指导读者阅读，推荐书刊资料，并借助书目检索读者需要的有关资料。另外，参考咨询、信息工作等也都离不开书目服务工作。所以，书目服务工作是图书馆和文献信息部门进行各项业务活动的基础，是满足读者需求，实现资源共享，提高文献利用率的重要保证。

2. 书目的种类

（1）按照书目的编制目的和社会职能可分为登记性书目（国家书目是登记书目的重要类型）、科学通报书目、推荐书目、专题书目和书目之书目五种。

（2）按照书目收录文献的内容范围，可分为综合性书目、专题性书目、地方文献书目、个人著述书目等。

（3）按照书目反映的文献收藏情况可分为馆藏书目和联合书目。

（4）按照文献的出版时间与书目编制时间关系可分为现行书目、回溯书目、预告书目等。

（5）按照著录文献类型的特征可分为期刊书目、报纸书目、少数民族读物书目等。

3. 编制书目的要求

（1）针对性

编制书目必须要明确为谁而编、解决什么问题，这样才能挑选适当的材料，确定合适的书目结构、编制方式和著录要求，才会“有的放矢”。在编制一种书目之前要做好调查研究工作。根据本地区、本单位科学研究和教学、生产中的共同需要或针对重点科研项目，来确定书目索引的选题、文献收录范围，以及文献提供方式等。

（2）科学性

编制书目所选录的文献要有科学价值，尽量缩小选取文献时的漏检和错检。

（3）标准性

编制书目的标准性有两方面含义，一是选录文献的标准要前后一致；二是文献的著录要标准化，编排要便于读者检索。

（4）系统性

要注意保持书目的连续、完整和系统，切忌断断续续，使文献不完整，降低了它的使用价值。

（5）及时性

科研、教学、生产一般都有一定的时间限制，编制书目要根据所接项目的需要，按计划以最快的速度编制配合需要的书目。

三、定题服务

定题服务，又称为“跟踪服务”、“对口服务”，就是图书馆和文献信息部门根据读者研究课题的实际需要，进行文献的收集、筛选、整理，并定期、不定期地提供给读者，直到研究课题完成或关键问题得到解决。由于定题服务的效率高、速度快，因此受到世界各国图书馆和文献信息部门的普遍重视，是最稳定的咨询服务系统之一。

1. 定题服务的特点

定题服务作为一种正在发展中的新型文献服务方式，较之传统的解答咨询、书目参考等文献服务方式具有更强的信息传递交流效果，它的突出特点是向读者（用户）提供了更具主动性、针对性、及时性、连续性和广泛性的信息服务。

（1）主动性

情报信息人员深入实际，调查了解第一线的生产、科研情况，主动与用户联系，在此基础上建立专题，进行文献的收集、加工、分析、提供。另外，主动性还表现为专题工作的超前性，即情报信息人员努力挖掘用户的潜在需要，主动进行热点预测，主动搜集理论研究课题信息，自行确立选题，积累加工专题资料，一旦用户需要就可立即提供服务。

（2）针对性

一是传递对象明确，二是根据需要设题，三是选择符合课题需要的情报信息，这样提供的情报信息才能供求吻合，才能使提供的信息与读者（用户）需求这两者呈谐振状态。

（3）及时性

定题服务的关键是定题跟踪、对口提供。信息供应系统与信息用户之间联系密切，信息需求的变化、服务效果的好坏，都能够及时反馈给情报信息人员，使之适时调整信息输出，提供适用的文献。

（4）连续性

这是定题服务具备比较完善的服务功能的一种体现，信息的连续性提供既可以满足课题深化的信息需求，又可使信息内容在量的方面得到扩充，质的方面得到改善。

（5）服务范围的相对广泛性

在整个信息交流中，单项传递与多项传递是上下级形式，上级可以包容下级，即在定题条件下的多向主动传递，形成多层次服务格局，只要所定课题有较大容量就可进行较为广泛的服务。

2. 定题服务的程序

（1）确定选题阶段

要使定题服务收到预期效果，就必须对课题、读者、馆藏文献、工作人员素质等进行调查研究，根据调查情况进行分析研究综合平衡，确定定题服务的选题。

（2）选录文献阶段

课题一经确定，就要深入课题，了解、熟悉、掌握与该课题有关的专业知识及文献分布情况、检索途径等，尔后据此从所收集的众多文献中加以精选，把那些针对性强、有参考价值的文献提供给读者。

（3）跟踪服务阶段

图书信息人员要同用户建立密切联系，及时了解用户需要，适时进行跟踪，提供服务。

（4）检验效果阶段

检验定题服务的效果可以说是贯穿定题服务工作的始末，同时也是逐步改进和提高定题服务工作质量的过程。要做到对定题服务每一个阶段的规律、特点、服务手段、服务效果如何等进行经常性的检验，对反馈的信息进行分析归纳，及时总结，这样才能扬长避短，使定题服务工作越做越好。

四、编译服务

编译服务是指图书馆和文献信息部门针对社会需要，组织专门力量，代替读者直接翻译和编写外文书刊资料，扩大外文文献的利用。它是提高读者获取信息能力的有效手段，可以节约读者翻译外文文献的时间，是读者获取外文文献的捷径。通过编译服务，能够集中原文精华，提供查找外文文献的线索。

1. 编译服务的形式

编译服务的形式有两种：一是翻译体，即按照原文直接翻译，忠实于原著；二是编译体，这是图书馆和文献信息部门常用的形式，是译与编的有机结合，即由译者按照一定的系统，汇集若干同类外文文献，用编译者的语言加以表述，并在理解消化的基础上，对文献重新组织、编排、综合成为一篇新的文献。编译文献一般多用于对外文资料的报道、介绍、综述、述评、动态等方面的整理创作，比单一翻译难度更大。

2. 编译服务的方法

编译服务的方法主要有两种：

（1）登记性代译

接受读者委托，由读者填写申请代译登记，提出需翻译的材料的具体要求及交付期限等详细情况，由图书馆和文献信息部门根据译文要求，组织翻译人员进行原文直接翻译或课题参照翻译，并按期保质保量提供给读者，供用户参考使用。

（2）交流性编译

汇集若干同类外文著述，按照一定问题系统，编译整理成为某种独立形态的文献，如翻译人员将自己的翻译成果，出版发行或用于学术交流等都属于交流性编译。

五、科技查新服务

所谓科技查新工作就是针对某一特定课题，收集国内外相关文献，结合必要的调查研究，对有价值的文献进行综合分析，以审查其新颖性，在此基础上写出有根据、有分析、有对比、有建议的报告。

1. 查新的作用

现在，我国国家科研立项、成果鉴定、申报专利、奖项等都必须附有由相应各级查新单位出具的查新证明。1994年10月，国家科委发布的《科学技术成果鉴定办法》中“鉴定程序”一节要求，技术资料中必须包括有国家科委、国务院有关部门和省（自治区、直辖市）科委认定的、有资格开展检索任务的科技信息机构出具的检索材料和查新结论报告。所以，查新工作的主要作用在于可以为科研项目的立项以及成果的鉴定和管理提供一种可靠的文献依据。

2. 查新的内容

（1）开题查新

即在立题（立项）之前，要充分了解课题的原有历史基础、现状及发展趋势，国内外已达到的水平，以避免重复劳动。

（2）研究过程查新

在课题研究过程中查新，可以随时检查同类项目的进展，及时调整自己的研究方向。

（3）成果查新

主要是为了避免重复报奖。比如，为了确定一项科研成果在国内外的水平、实用价值及先进性，在课题鉴定之前，对与该科研成果有关的国内外信息资料做一全面了解；再如，在成果申请专利之前，对该科研成果是否达到申请专利的条件，是否具有新颖性等，进行文献查新证明。

3. 查新的步骤

（1）申请查新，接受课题

读者（委托人）到查新工作站提出查新要求。我国的查新工作站分为两级，一级是由国家科委批准建立的国家级查新单位，全国共有26个；另一级是各部委批准建立的查新单位，全国共有100余个。

（2）调查研究，分析课题

在这个过程中，读者要向查新人员提供详细的研究资料，并要说明课题研究的技术重点，而后一起分析研究内容，确定检索手段和检索范围，如确定是手工检索还是计算机检索、查新文献的时间要求、数据库类型、主题词和检索式的选取等。

（3）查找文献，对比数据

查新人员对检索出的文献进行综合分析，把相关文献（也就是现有技术）与查新课题的技术要点相比较。若文献中有报道，则该课题的新颖性被否定；若文献中未见披露，则该课题具有创新性。

（4）分析结果，撰写报告

把数据对比分析的结果写成“证明书”，即查新报告。查新报告只是客观、如实地反映被查新课题文献比较的结果，并不对课题的水平进行评价（水平评价由同行专家负责）。

六、信息调研服务

信息调研服务是指图书馆根据国家、地区、单位等有关部门的需要，对大量的一次文献和二次文献进行系统搜集、分析研究、归纳整理，并将研究成果用综述、述评、研究报告、专题总结等三次文献形式编写出来，提供给决策部门和人员研究参考的一种服务形式。这是提供一种创造性的再生信息的服务，属于高级形式的文献信息服务。它是以已有的知识成果为基础，以研究性、预测性信息内容为手段，以提供最新的文献信息为目的的服务方法。

信息调研的范围很广，难度也很大，是一项学术性、专业性、政策性很强的信息服务工作。要求信息调研人员要具有很高的业务知识水平，而且调研成果具有很高的信息实用价值。通过信息调研服务，使图书馆和文献信息部门真正起到参谋、耳目的作用。

1. 信息调研服务的特点

（1）针对性

信息调研的主要目的是为各级领导提供决策依据。因此，信息调研一般都会结合本地区经济建设任务、本学科专业的重大问题或本部门急需攻克的技术难关来选题。

（2）综合性

信息调研虽然同自然科学关系极为密切，但同时又渗透和融合了大量社会科学的内容，而且还取决于各种外部条件因素，这就使信息调研带有明显的综合性。它的综合性还表现为综合文献调查和实情调查所得的有关知识，只有做到把科学技术、生产情况、市场信息三者相结合，才能提供符合实际情况的信息。

（3）预测性

决策只有建立在预测的基础上，才是科学的决策。信息调研是科学管理的一个重要组成部分，信息调研要为决策提供依据，就必须对未来作出预测。

（4）科学性

信息调研是一项科学性研究工作，它是通过科学的方法、准确的数据、客观的论点把杂乱无序的一次信息源通过整序、研究，使之成为有序的、可以利用的、具有创造性的高级信息源。

2. 信息调研的作用

（1）侦察作用

从信息学角度看，人类的一切活动都是选择信息、利用信息和生产新信息的过程。在当代，要想站在某门学科专业或某项技术的前沿，科学地从事研究和开发工作，就必须准确掌握与自己研究课题有关的信息。这就要求科研部门在选题时要着眼于新颖的、有研究价值的问题，这一切都有赖于信息调研工作的“侦察”活动。

（2）参谋作用

管理工作要求管理人员要具有多方面的学科知识和技能，才能作出正确的决策，以便于指挥全局。这就要依靠信息调研人员在掌握大量的信息素材（文献、实物和实地调查资料）的基础上总结规律、发现问题，了解国内外动态，借鉴成功的经验，吸取失败的教训，采纳有益的建议，从而作出决定、制定规划。因此，信息调研是领导部门进行科学决策的参谋。

（3）桥梁作用

信息调研工作的开展，为科学理论与实践之间搭起了一座桥梁。比如，向科研部门介绍和推荐先进的科学技术成果；把生产实践中出现的重大问题提交给科技部门研究解决；为科研部门中的攻关课题提供必要的技术资料等。

3. 信息调研的内容

信息调研的范围十分广泛，涉及经济、政治、国防、科学技术以及社会发展的各个方面。信息调研的主要任务就是要紧密结合国民经济建设的需要，开展技术水平和动向的研究、方针政策信息研究、预测信息研究、技术经济信息研究、科学管理信息研究等。因此，信息调研的主要工作内容应围绕以下四个方面开展：

（1）最新成果的报道

对国内外最新出现的科技成果和科学理论及时报道，供学校、科研部门和社会有关部门参考采用。

（2）分散信息的系统收集整理

在对信息进行系统收集和整理的基础上，就某一学科、专业、技术的有关历史、现状和发展趋势作出综述和评价；或者按专题将文献汇编成名录或手册等。

（3）技术复原

利用收集到的零星资料和数据，信息人员用自己掌握的知识和经验，通过判断、推理等方法，反求出关键技术或技术全貌。

（4）撰写专题研究报告

针对经济、建设、生产、科研等领域中的重大问题，广泛系统地收集国内外文献，然后对已有信息进行研究，提出有价值、有观点、有分析、有建议的专门研究报告，供领导部门决策参考。特别对某些耗资大、时间长的重大课题，此项工作更为重要。

第五节　宣传报道与导读服务

为了充分发挥图书馆馆藏文献的作用，提高服务质量，在搞好各项业务工作的同时，图书馆还要注意进一步做好文献的宣传报道和导读工作，主动向读者揭示馆藏，辅导读者提高利用图书馆的效率和效果，对于读者的阅读目的和倾向给予积极的引导，以充分发挥图书馆的教育职能。

一、宣传报道服务

宣传报道服务是指图书馆和文献信息部门利用书目形式或群众活动等形式，主动向读者揭示文献内容、宣传先进思想、科学知识以及广泛的文化信息，把读者最关心、最需要的文献及时展现在他们面前，以利于读者利用图书馆多种文献的活动。

1. 宣传报道服务的意义

（1）通过宣传报道服务工作，可以密切图书馆与读者的关系，有利于两者间的沟通，可以扩大图书馆的影响，使更多的读者了解图书馆，从而充分利用图书馆。

（2）图书馆和文献信息部门通过主动揭示文献信息，使读者深入了解馆藏，可以及时掌握最新文献动态，以便及时利用。

（3）可以帮助读者掌握利用图书馆馆藏文献的基本知识，提高利用书刊资料的效率和效果。

（4）配合党的各项任务，宣传党的方针政策。

2. 宣传报道服务的内容

（1）文献宣传

图书馆根据自己的任务和读者的需求经常宣传馆藏文献。除宣传它们的科学文化价值与内容外，还要宣传它们的利用方法，特别是各种类型的工具书和文献检索工具，更要注重宣传它们的用途和排检规律。在经典理论著作、专题学术文献、先进的计算机知识文献宣传时，要注意有关文献的相互配合和文献的科学性、实用性、新颖性。

（2）阅读宣传

它包括宣传阅读的意义、方式、技巧和方法等，其目的在于提高人们对阅读的认识，启发他们更自觉、更主动地学习。

（3）业务宣传

这是关于图书馆自身活动的宣传。内容主要是宣传图书馆的馆藏结构与特色、服务项目与设施布局、目录体系与利用、本馆所使用分类法的分类体系与分类原则等。这对于读者有效地利用图书馆的文献资源是很有帮助的。

（4）社会宣传

图书馆还要利用自身的条件参与一般的社会政治宣传，其内容包括宣传政府的各项方针政策、国内外时事、经济建设成就和科学技术进展等。配合重大节日和纪念日进行宣传活动也属于此列。

3. 宣传报道服务的类型

宣传报道服务的类型可以从活动的形式、内容、对象和时间等不同角度做多方面的分析。

（1）从形式上区分

宣传报道服务可分为直接宣传和间接宣传两种。直接宣传指的是在宣传者和被宣传者面对面的直接接触中所实现的宣传服务，它主要以口头语言来进行交流。间接宣传要以各种物质构成的信息载体为媒介，主要是通过各种书面资料或声像资料来进行交流。

（2）从内容上区分

可以按照文献知识门类来区分，如哲学、社会科学、自然科学、文艺作品等方面的宣传；另外，结合图书馆自身业务来区分，如文献学、目录学、信息学等方面的宣传。

（3）从对象上区分

按宣传对象数量上的多少可以分为个体读者和群体读者，按读者的类型可分为学生、教师、科技人员等。针对不同的读者，宣传报道服务的内容、形式也要有所不同。

（4）从时间上区分

图书馆的各项宣传报道服务从时间上分有一次性、阶段性和长期性的。如对某项政治事件或特定新书的宣传则往往是一次性的；而对重大节日或纪念日的宣传则是以年度为周期重复进行的。

4. 宣传报道服务的方式

宣传报道的服务方式很多，但一般最常用的主要有报道服务和展览服务两种。

（1）报道服务

报道服务是图书馆和文献信息部门通过各种报道刊物，结合自己的实际编辑书本式题录、索引、简介、文摘等二次文献以及部分三次文献，向本地区、本系统以至全国范围内广泛深入地通报文献。报道服务主要适用于生产、科研、教学等单位与读者，便于他们迅速了解本专业、本行业最新文献信息。对于提高文献的使用价值，促进信息传递，加强学术交流，起着积极的作用。

这种服务方式还可以开发原始文献，提高其利用率，从而提高信息利用者的劳动效率。报道服务的影响面广，能够突破地域和时间的界限，在更大的范围内满足更多读者的需要。

（2）展览服务

展览服务就是利用陈列展览实物的直观形式，直接宣传推荐文献的服务方式。其特点是：把大量书刊资料直接展示在读者面前，宣传范围广泛，报道内容具体，利用方式简便、直观，发挥作用迅速及时。通过展览服务，既能充分开发利用文献资源，又便于广大读者在短时间内浏览、选择、参考和搜集大批文献，节省时间，收效显著。展览服务从一定意义上可以说是开架借阅服务的一种延续和发展，其服务形式灵活多样，不拘一格，有新书展览、旧书展览、专题展览、综合展览、多载体文献展览等；有一馆书刊展览，也有多馆书刊联合展览；还有定点展览、巡回展览等。

二、导读服务

导读，又称阅读指导，是图书馆和文献信息部门根据社会发展的要求，采取各种有力措施主动地吸引和诱导读者，使其产生阅读行为，以提高他们的阅读意识、阅读能力和阅读效益为目的的一种教育活动，是图书馆读者工作中最主动、最有活力和最有前景的一项工作。

导读最基本的功能就是保证文献充分和有效交流，其主要作用是提高读者的阅读修养和阅读效益。图书馆通过导读服务，可以促使潜在读者转化为现实读者，使更多的人将阅读需求转化为阅读行为；可以提高读者的文献鉴赏能力，自觉地吸取先进的思想，树立正确的世界观和高尚的道德情操；可以使读者掌握一定的治学方法，取得较理想的阅读效果，从而形成良好的知识结构和丰富的知识储备。

1. 导读的原则

按照导读的要求和规律，在导读过程中必须遵循下列原则，这直接关系到导读质量的好坏。

（1）科学性原则

导读的科学性原则主要体现在三个方面：一是在导读内容方面，要着力宣传和推荐代表当代科学技术水平的优秀书刊和相应学科的最新文献，帮助读者以最少的时间和精力获取最系统、最先进的知识技能；二是在导读方法方面，要根据各类型读者的阅读动机、兴趣、目的和需要等心理特点，引导他们按照循序渐进的原则掌握各种知识，学会运用科学的阅读方法，提高阅读能力；三是在导读思想性方面，要以科学的世界观为基础，帮助读者以历史的、全面的、发展的观点分析阅读各种文献，取其精华，去其糟粕。

（2）主动性原则

导读作为一种积极的教育过程，要求工作人员要主动了解读者需求，掌握读者阅读动机、阅读修养和阅读效果，在此基础上才有条件予以相应的指导。贯彻主动性原则，还因为导读不是一个单纯的传授与灌输过程，而是启发、引导读者的过程，所以要求积极主动地进行工作。

（3）双向性原则

导读工作是“导”和“读”的科学结合，是图书馆和读者之间的双向活动，只“导”不“读”或只“读”不“导”都不会取得理想的阅读效果。所以，图书馆工作人员要树立热爱读者、尊重读者的思想，经常听取读者的各种反映，与读者保持理解、尊重、和谐和融洽的内在心理情感，才能使“导”的效果好，使“读”的收益大。

（4）整体性原则

导读工作虽然是一项具体的读者服务工作，但它并非为导读部门所独有的，而是寓于图书馆的各项工作之中的。因此，图书馆各部门都应把导读作为一项工作内容，在工作中加以体现，并且各部门之间要相互配合与协调，以图书馆的整体优势来提高导读的水平。

2. 导读的内容

(1) 阅读意识的培养

阅读意识就是对阅读这一社会行为的实践活动和心理过程的认识程度，这种认识越高，产生的阅读行为就越理想，收到的阅读效果就越好。人们的阅读意识高低差异很大，有的人几乎没有阅读意识，这就需要向他们宣传阅读活动的意义、作用及其对个人与社会的功能，让他们认识到阅读是保证社会进步、推动物质文明和精神文明建设的必要条件和手段，是提高人素质的重要途径。因此，培养和提高人们的阅读意识是导读的首要内容。

(2) 阅读内容的辅导

阅读内容关系到读者精神素质和智能素质的塑造，对读者阅读内容进行辅导，是导读工作的核心内容。它主要表现在帮助读者选定阅读范围，对阅读具体书刊资料内容的正确理解、评价和鉴别。图书馆作为以自学为主要形式的社会教育中心，有责任向读者提供各类型、各层次的优秀书目，帮助读者挑选、推荐和评价具体的书刊，引导读者正确理解文献的内容实质，从中吸取有益的知识养料，从而提高读者的理论水平，专业知识和科学文化水平。

(3) 阅读方法的指导

这主要表现在帮助读者制订切实可行的学习计划，并按计划有目的、有重点地阅读书刊资料，克服阅读中的盲目性和不良倾向；指导读者学会做笔记、读书卡片、读书心得等；组织有关阅读方法、阅读技巧的经验交流和讲座，启发引导读者按照自己的实际情况，选择适合自己的读书方法。

3. 导读的方式

开展导读服务的方式、方法是多种多样的，随着导读工作的深入开展，会涌现出更多更好的方法。目前，较常见的导读方法有以下几种：

(1) 语言性导读

这是一种借助语言来传播导读信息的导读方式，是通过导读工作者对读者直接讲话或双方互相对话来完成的导读活动。常用的主要有交谈、讲座、座谈讨论会等形式。

交谈是图书馆普遍采用的一种最直接、最方便、最灵活的传统导读方法，这种方法最适用于对个别读者。读者在利用图书馆时，经常会遇到一些自己难以解决的问题，图书馆各个部门应当主动地给予帮助，有意识地指导他们的阅读行为。通过和读者交谈，图书馆还能及时了解读者的反馈信息，及时满足他们的各种需求。

根据既定的导读目的，举办一次性或系列性的讲座，是图书馆经常采用的一种导读方式，这种方式适用于批量读者。讲座一般多围绕某一特定的主题来进行，如“怎样读书”、“怎样鉴赏文学作品”等。利用讲座进行导读，比交谈的影响面大，传授的知识体系比较完整，但要求对讲座的资料内容和组织筹备工作做充分的准备。配合各种读书活动，召集读者举办座谈讨论会，共同探讨阅读内容，分析阅读的热点问题，交流学习心得。不仅与会者可以自由发言、相互启发，而且导读人员可以根据讨论的热点及时进行启发、诱导。

（2）文字性导读

运用文字材料传递导读信息，具有内容准确、作用广泛、时效长远等优点，也是广为采用的一种导读方式。导读用的文字材料内容非常丰富，形式多样。比如按照材料的内容和使用目的可分为宣传简介类、科学普及类、研究探讨类、检索指南类；按照导读材料的运用方式，可分为展示性材料和传递性材料。

（3）实物性导读

它是通过实物来引发读者的阅读需求，指导读者的阅读活动。如组织参观图书馆、举办书刊展览等，都是较好的实物性导读方法。组织读者参观图书馆，是让读者认识图书馆的基本方法之一，既可单独使用，也是对其他导读活动的补充。通过参观，可以使读者对图书馆的环境有一整体认识，对图书馆的服务有一直观感受；举办书刊展览，能让读者直接翻阅了解书刊的具体内容，还能让读者直接地、集中地了解馆藏书刊概况，了解某专题书刊的出版情况和科技发展动态等。

（4）声像性导读

是指利用录音、录像设备（如幻灯、录像、录音、电影、电视）等视听资料来传播导读内容的一种导读方式，它是对传统导读服务手段的补充，是导读方法的发展与提高。

第六节　读者教育与培训服务

读者教育与培训，是图书馆和文献信息机构开展的培养、提高读者（包括潜在读者）利用文献信息资源能力的教育。读者教育与培训是现代社会文献激增和文献信息需求日益增多且呈多样化趋势的产物，是图书馆开发利用文献资源和实现其教育职能而开展的一项重要工作。

一、读者教育与培训的意义和作用

读者是文献工作传输链上主要的一环，是文献的存储、加工和检索赖以存在发展的根本理由。读者在利用文献的过程中并非消极地等待服务，而是自觉不自觉地参与其中，如果读者掌握了文献知识，掌握了利用图书馆的各种技能，那么，他们利用图书馆的效率和效果将成倍提高。

1. 读者教育与培训可以充分实现图书馆的价值

图书馆的价值归根到底就是实现藏书的价值。影响藏书价值的因素主要有五个：阅读、时间、空间、读者和人数。

（1）阅读

文献本身的价值再高，如果不被读者阅读，它充其量只是一种潜在价值。要把这种潜在价值转化为现实价值，就必须经过“阅读”。读者经过教育或培训后，就会广泛而有效地利用图书馆的馆藏资源，这些资源被利用得越充分，就越能实现其价值，图书馆的价值也就越大。而且，读者通过教育培训后，会激起极大的阅读热情，使读者能够取得更好的阅读效果。

（2）时间

随着时间的推移，文献（尤其是科技文献）在逐渐老化，其价值也逐渐下降。这就是说，文献价值与时间成反比。因此，图书馆通过读者教育和培训，努力让读者能在书刊资料的价值巅峰期内不失时机地利用，以取得最佳阅读效果。

（3）空间

文献在不同的空间（主要指地域）里的价值是不一样的，同一种文献，在甲地表现出一种价值，在乙地则又处于另一种地位。而且，由于受本身性质、职能等条件的限制，不同类型的图书馆和文献信息机构，所收藏的文献类型也有所不同。因此，图书馆通过教育和培训，就可以使读者知道在何地能够找到何种文献，在何地利用何种文献效果最好。

（4）读者

同一种文献对于不同读者其价值是不一样的，或者换而言之，不同读者利用同一种文献的结果是不一样的。因此，通过对读者的教育和培训，就要使读者能找到他们各自最需要、最适合的文献，保证其选择率特别高。实现最佳的藏书价值。

（5）人数

文献的价值大小与被利用的人数关系极大，利用的人数越多，其价值也就越大。因此，图书馆教育培训读者就是要使更多的读者来利用图书馆，让每位读者都能在馆藏文献中吸取更多的营养。

2. 读者教育与培训服务可以进一步提高图书馆的工作水平

通过读者教育和培训，一方面图书馆有机会更广泛地接触各类读者，及时了解他们的需求，改进服务水平；另一方面，读者信息意识的提高和信息素质的提高，反过来会对图书馆的信息工作提出更高的要求，从而促进图书馆信息工作的不断改革，加速其自身发展。

3. 可以帮助读者提高学习研究的能力

通过对读者的教育和培训，能够帮助读者认识信息时代与信息爆炸的形势，了解学科专业既综合又分化的特点，培养强化读者的文献信息意识，逐步形成敏锐的文献信息注意力；可以帮助读者提高运用文献工作现代化手段的能力，掌握检索文献的知识和技能，使他们能够顺利地索取到所需要的文献，能够帮助读者掌握知识老化与不断更新的规律，以便在文献的有效期内充分地利用它们。

二、读者教育与培训的原则

1. 计划性原则

读者教育与培训是一项长期的连续教育过程，应根据国家、地区或本单位的实际条件，根据不同的读者对象制定出相应的长远规划和近期计划，按照计划的目标有步骤地实施。

2. 广泛性原则

图书馆属于社会教育机构，其教育职能的发挥在于提高全民的文化素质水平，因此，图书馆开展读者教育工作的范畴应该是全体公民。图书馆不仅要对现实读者进行教育，而且要吸引更多的潜在读者接受教育。

3. 针对性原则

读者的个体条件存在着极大的差异，如其受教育程度、职业特性、外语水平、信息行为等都各不相同，因此，图书馆在进行读者教育和培训时，应将读者划分为一定的类群，根据需求基本一致的读者群确定教育内容和组织教育活动，力求取得最佳效果。

4. 灵活性原则

读者教育与培训的方式方法很多，如个别辅导教育、集中培训教育、口头讲述教育、书面材料教育等。采用什么样的教育方式方法，取决于读者的数量、读者接受图书馆教育的方便程度以及读者的水平层次等因素，有时可用一种方法，也可几种方法并用，以加强教育效果。

5. 系统性与循序渐进性原则

系统性是由科学本身的特点所决定的，任何科学知识都有严密的逻辑体系。因此，安排读者教育与培训内容时，应以相应的学科体系为基础，使读者获得系统的知识和技能。在教学方法上，要考虑循序渐进的认知规律，从已知到未知、从简单到复杂、由浅入深、由易到难，从而逐步深化。

三、读者教育与培训的内容

1. 读者文献信息意识的培养

我国信息资源的开发利用水平与外国相比是很低的，究其原因除了我国信息服务体系不够健全、信息服务部门的人力、财力水平相对缺乏外，最重要的是全民文献信息意识淡薄。因此，提高全民文献信息意识是开发利用文献信息资源的关键，也是加速我国经济发展的一项重要任务。读者的文献信息意识主要包括三方面内容：需求意识、更新意识和参与意识。

通过对读者需求意识的培养，要让缺乏需求意识者产生需求意识；让需求意识不强者，增强需求意识；让需求不明确者变为明确需求者。

通过对读者更新意识的培养，要使读者知道新知识是层出不穷的，而且知识的老化速度在逐渐加快。因此，要变革自己的学习观念，要把力量放在对知识的开发利用上，要更加注重对观点、方法、思路的学习。

通过对读者参与意识的培养，使读者自觉、主动地积极参与图书馆的某些工作。如参与图书馆的决策、监督与鉴定等管理工作，以及藏书工作、读者服务等具体业务工作。

2. 图书馆和文献信息机构基本情况的介绍

这是进行读者教育与培训的一个重要内容，目的主要是让读者了解图书馆和文献信息机构的基本情况，如馆藏分布、馆藏文献的特点、范围和服务项目等，使读者能尽早利用这些文献资源。

图书馆的文献是图书馆开展读者服务工作的物质基础。图书馆应通过各种方式向读者宣传或揭示图书馆所收藏的文献类型、数量、特点、重点、范围、文种、存放位置以及向读者揭示某一种文献的出版情况、著者、内容以及与同类文献的比较等，从而帮助读者及时、准确地获取所需的知识和信息，以解决学习、生产、实践、科研等活动中出现的疑难问题，使阅读需求得到满足。在向读者揭示馆藏的同时，还要注意帮助读者了解图书馆的机构设置、服务内容和服务方式，以便读者充分有效地利用它们。

3. 文献信息利用方法与技能的教育

文献信息利用方法与技能的教育主要包括两方面内容：一是对馆藏文献利用方法的教育，二是文献信息检索的原理、知识、方法的教育。

在对馆藏文献利用方法的教育方面，不仅要让读者了解馆藏文献的学科结构、文种结构、水平结构、复本结构、体裁结构及其特点以及本馆特藏，更要让读者知道各种文献的存取地点和借阅方式，以便充分有效地利用它们。同时，还要向读者介绍本馆所采用的图书分类法的体系、目录的体系，以及各种目录的查找方法、各种书刊的借阅方法、各种工具书的使用方法等；要教会读者如何使用文献特别是特种文献，例如视听型文献、机读型文献（磁性载体、胶片载体、光盘载体等形式）、缩微型文献等，包括阅读这些特种文献所必需的各种仪器设备的操作方法。

在文献信息检索的原理、知识、方法的教育方面，要向读者介绍文献检索的基本原理和基本技能，介绍常用的检索工具与参考工具书及其使用方法，介绍计算机检索的基本知识以及一些常用的数据库，以便使读者能够顺利地获取所需要的文献信息。

四、读者教育与培训的方式方法

图书馆和文献信息机构在长期的读者教育与培训活动中，摸索出了多种有效可行的教育培训方式，常用的有以下几种：

1. 群体教育培训法

（1）课堂教学法

课堂教学虽然传统而古老，但在受训对象众多时，仍不失为一种效果颇佳的教育培训形式。以授课的形式对读者进行教育，可以在教学计划、教学大纲的指导下，按照一定的教材内容，有组织、有计划、有步骤地对读者进行系列化教育培训，这是最高效的读者教育培训形式。但由于各馆读者的成分、结构、素质、需求以及馆藏设施与手段不同，因此，在组织课堂教学时，应根据读者文化层次的高低、职业分工的异同，而采用不同的课堂教学形式。利用课堂，可以讲授导读、实习指导、论文撰写知识、现代化服务手段的利用以及各种文化科学知识及实践技能等内容。

（2）系统培训法

对图书馆读者进行系统培训，主要是指对读者应知、应会的有关利用图书馆的基本知识和基本技能进行系统地、连续地培训，而不是独立地、间断地讲一些不完整的常识。这种培训可以使读者掌握信息检索知识与技能，了解信息的搜集、加工、整理的全过程。

（3）群体参观法

这种形式主要针对图书馆的新读者群，如入学新生。目的是让读者尽快地熟悉图书馆，包括图书馆的环境、文献分布情况、目录设置情况、服务项目、规章制度等。但这种形式主要是给读者一感性认识，既不便于详细系统介绍读者教育的内容，也不便于解决读者个人随时遇到的专门问题。

（4）专题讲座法

这是一种图书馆常用的读者教育形式，可以根据不同的教育目的，举办各种内容的讲座。通过讲座能在较短的时间内，较详细、系统地介绍某特定方面的知识，如图书馆利用知识、参考工具书知识、科技写作知识等。但这种形式不便于使读者接受系列化教育。

（5）座谈讨论法

这种方法讨论的内容灵活多样，受训人员的层次可重叠交叉，具有较强的时间性。通过座谈讨论，既可以进行专题讨论，又可以对共同感兴趣的问题进行广泛而深入地讨论，如读书方法经验座谈、读书心得体会座谈、读者成才经验座谈、读书兴趣培养与阅读内容选择经验座谈、阅读规律与获取知识途径等。

（6）学术研讨法

学术研讨法是读者教育培训的高级形式，通常是邀请有关专家学者对读者的学术论文予以评价、鉴定，如有可能还可以推荐发表或推广应用。学术研讨的内容可以是读者心理状态、读者阅读行为、读者读书效果以及结合读者所从事的专业与行业有关的科学技术等课题的研讨。

2. 个别教育培训法

个别教育培训具有更大的随机性与灵活性，因而常常融于图书馆工作人员的日常工作中，是一种针对性强、效果也较显著的教育培训方法。

（1）咨询辅导法

这种方法一般是当面解决读者的疑难问题，也有的是通过书面方式予以答复，还有的用电话、电子邮件等通信方式进行查询。咨询问题的范围比较广泛，专业性强，有的内容十分专深。

（2）随机导读法

阅读辅导是读者教育中最易被接受，又能收到良好效果的教育培训方法。由于这种培训方法具有普遍性和广泛性，因此，凡在工作中能与读者接触的工作人员，都可以对读者进行阅读辅导，如介绍和宣传到馆新书；推荐适合于各类型读者需求的书刊资料；介绍新书目、专题书目以及书目的使用方法；介绍本馆的文献检索体系及其使用方法等。

第七节　现代化技术服务

随着现代技术的发展，各种现代化的存储检索技术、复制文献的技术以及声像技术设备在图书馆中得到广泛利用，给读者在浩如烟海的文献中获取信息带来极大方便。读者如能熟练地利用图书馆的各种现代化设备，可以使其学习研究收到事半功倍的效果。

一、现代化技术服务的意义

1. 现代化技术服务是科学技术迅速发展和文献急剧增长的需要

新技术革命的一个突出特点，是利用现代化物质手段，延伸和强化人的脑力和神经活动，使人利用信息、交换信息、处理信息的能力产生了飞跃。信息可以看做是特定的知识，知识生产能力的提高，也就是人类精神财富的创造力的提高，其结果自然是社会信息量“爆炸式”的增长。这种迅猛增长，使巨量的知识信息以各种文献形态洪水般涌向图书馆和文献信息部门，要求它们迅速而准确地进行信息处理，其中包括及时采集、大容量录存、迅速交换处理和控制等信息作业环节，以便使知识信息高速度、高效率地转入社会整个生产体系的各个环节中去，变为生产力。并且要求图书馆和文献信息部门及时准确地收集、反馈信息，使信息社会的战略资源加速循环和再利用。所有这些工作不借助于现代化技术是难以完成的。

2. 现代化技术是现代化信息社会的需要

社会的现代化带动了图书馆的现代化，也为图书馆现代化创造了充分的条件，提供了充分的物质基础。现代科学技术革命的核心和主流是信息科学技术的革命，即信息革命。可见，信息已成为社会发展的一种重要资源。在我国，随着经济的飞速发展，科技信息服务业正逐渐变成一个越来越迫切需要的产业。图书馆事业是信息产业的一个重要方面军。文献信息资源的开发利用，是图书馆事业改革的出发点与归宿。只有实现图书馆现代化，社会现代化才有可能得以充分实现。

3. 计算机在图书馆中的广泛应用是实现图书馆现代化的必由之路

信息的价值在于实效，在竞争激烈的环境中，信息获得与利用的及时性往往会成为成败的关键。因此，读者对信息服务的要求除了准确外，还要快速、简便，在某些方面甚至要求达到“实时服务”的程度。

计算机是现代科学技术领域中最卓越的成就之一，计算机与图书馆信息工作相结合，使传统的图书馆工作进入到一个自动化的新阶段。实现自动化的目的是为了处理日益激增的文献信息，文献信息自动化的最大获利者是读者（用户），它让读者以最快的速度找到所需要的文献。

4. 图书馆现代化技术的采用，使图书馆的作用发生了彻底的改变，使传统图书馆转化为多功能的信息交流中心

（1）图书馆的现代化技术服务，使图书馆的信息功能得到加强，由二次文献服务逐步向三次文献服务的方向转变。在检索能力方面，从为读者提供特定文献的检索，向为读者提供特定主题的检索，以至向特定课题的检索方面转变。

（2）图书馆的现代化技术服务，使图书馆的社会功能得到加强。信息工作将从面向本系统的内向性服务，向面向社会以至国际的外向型服务转变。

（3）图书馆实现现代化技术服务后，在服务的方式上，由“静态服务”、“被动服务”的现状向“动态服务”、“主动服务”转变。

（4）图书馆实现现代化技术服务后，图书馆的教育功能将得到加强。同时也把读者教育与培训工作提高到加强读者信息意识，培养读者自学能力、研究能力、获取文献信息的基本技能的更高层次上来。

二、图书馆现代化技术服务的特点

1. 馆藏多样化

随着科技的发展，图书馆收藏的内容、形式和范围必然随之发生变化，以适应新时代的需要。现代图书馆的馆藏，除了传统的印刷型外，还大量收藏了缩微型、视听型、机读型等多种形式的信息载体。随着现代化技术的应用，可最大限度地收集文献。

2. 资源网络化

由于各种新兴学科、边缘学科、交叉学科的不断涌现，以及文献量的爆炸性增长，任何一个图书馆都不可能将所有文献收藏齐全，因此，只有形成网络化，才能真正做到资源共享。而网络化也正是现代图书馆的主要标志之一。

3. 著录标准化

著录标准化是现代技术在图书馆编目工作中应用的基础。文献工作的标

准化对于提高文献加工的效率、文献整理的质量以及实现国内与国际间的目录兼容和相互转换，都具有重要的意义。另外，人们也可以在联机检索的基础上，通过检索网络快速、方便地查找各个文献信息中心的文献。

4. 服务信息化

服务信息化就是主动、准确、快速地为读者服务，这是现代化图书馆最重要的标志之一。服务信息化淡化了阅览室与书库之间的严格区别，读者可以任意入内选读、借阅。读者可以通过图书馆的查询终端，快速、方便地查找馆藏所有文献；若本馆缺藏，则可以通过计算机信息联机检索系统，查到文献的题录或文摘。现代技术与先进设备的结合是服务信息化的重要物质基础和保证，没有先进的计算机技术、通信技术、网络技术、复制技术等的支持，要做到高效、及时、准确的服务是不可能的。

5. 操作自动化

现代图书馆中，包括文献订购、编目、流通、期刊管理、二次文献加工等在内的许多环节的操作都基本实现了自动化，能够极大地提高工作效率，缩短工作周期，将文献及时提供给读者。

三、现代化技术服务的范畴

现代化技术已在图书馆工作中得到广泛的应用。图书馆的现代化技术服务主要包括计算机检索服务、光盘技术服务、文献复制服务、视听技术服务等。

1. 计算机检索服务

（1）脱机检索

脱机检索就是对提问不是立即作出回答，而是集中了大批提问后再进行处理。这种方式处理提问的时间较长，人机不能对话，因此效率往往不理想。然而，脱机检索中的定题服务（Selective Dissemination of Information，SDI）对于科技人员非常有用。SDI 能根据用户的要求，把提问者的提问登记入档，存入计算机形成一个提问档，当有新数据进入数据库时，就对这批提问进行处理，将符合用户提问的最新信息分发给用户，通常几个大的信息检索系统都能提供 SDI 服务。

（2）联机检索

联机检索也称人机对话检索，它是在计算机通信网络上，各成员馆通过终端检索网络中心存储的机读数据库，检索或转录所需的文献信息。机读数据库是图书馆和其他一切信息机构相互交流、互通信息、资源共享的基础。

（3）信息检索网络

随着现代通信技术的发展，实现了“信息－计算机－通信”三位一体的信息传递网络。这种网络化信息检索系统利用公用电话、专用通信网络或卫星通信系统，将终端设备与计算机相连，并给予终端用户以检索远程数据库的能力，使信息检索超出了地区和国家的范围，进入了国际信息空间领域。

2. 光盘技术服务

光盘是很有前途的存储数据、文本、图像的高密度存储载体，具有存储量大、安装便利、操作简单、使用方便、费用低廉等优点，它的海量存储功能促使图书馆的服务日趋多样化、分散化和社会化。机读数据库既可以存储在磁带、磁盘上，也可以存储在光盘上。利用光盘数据库进行信息检索比利用国际联机检索的费用要低得多。

3. 文献复制服务

（1）缩微复制

缩微复制又称缩微摄影，它是采用照相的方法，利用透镜成像的原理，用具有光化作用的感光胶卷（版），把文献的影像缩小记录下来的一种方法。用缩微复制方法制成的文献复制品是一种特殊形式的文献。缩微制品的优点很多，如存储密度大、重量轻、体积小、价格便宜、可随意放大或缩小、便于携带、方便邮寄和交流；规格统一，便于实现标准化；不易燃、不怕水湿和虫害，便于保管，且保存期长等。但阅读起来比较麻烦，需要特殊的阅读仪器。

（2）静电复印

静电复印是利用某些光敏半导体材料以及有机光导体等的静电特性和光敏特性，用类似照相印刷的方法，将文献的文字和图像记录在纸上。

静电复印及时，快速，成本低廉，使用方便，质量优良，可长久保存。它可以解决图书馆部分文献复本少的问题，读者需要保存文献时，可通过复印获得，既解决了读者抄写文献费时费力的不便，又加快了读者获取文献的速度。此外，文献信息部门还可利用复印技术将有价值的资料制作题录、文摘发行，并可按读者需求重新组编单篇全文文章，制作成合订本。

4. 视听技术服务

文献按其记录形式的不同分为文字记录和声像记录两大类型。声像记录有声音记录、图像记录和声像记录三种，这种记录着声音、图像信号的文献称为视听文献。视听文献的录制和再现技术称为视听技术。

视听文献的类型很多，有录音文献、录像文献、声像文献等。视听化是图书馆现代化的一个重要组成部分，视听技术的应用使图书馆能从印刷型文献所无法提供的视觉、听觉角度为读者提供服务。读者可以利用视听技术快速、准确地查找到所需要的文献，使读者能够通过比阅读印刷型文献更加直观的形式更快地获取知识和信息。

第四章　图书馆利用

第一节　科技文献及特点

一、科技文献的概念

如前述，科技文献就是记录有关科学技术信息或知识的一切载体（物质形式），是传递科技信息或知识的主要工具。它记载了前人的科技成果，是后人进行科学研究的基础。科技文献随着科学技术的产生而产生，也必然随着科学技术的发展而发展。无论是科技信息学或是其应用实践的科技文献检索，其研究对象都是科技文献。科技文献的数量和质量是衡量科技发展水平和成就的标志之一。科技文献的数量不断增加，质量不断提高，也必然对科技进步、社会发展起到加速作用。

科技文献的系统结构

系统论的观点是现代科学认识论的一个重要观点，人们由孤立、单纯的“实物中心论”转向“系统中心论”，这是人们思维方式的重大变化。用系统论观点探讨科技文献的结构，无疑会大有益处。科技文献的系统观，不是孤立地研究某一具体的特殊的文献，而是把科技文献当做一个整体来研究，这样可使我们应用系统论的一些方法，从全局上、整体上学习、使用和研究文献。从而取得事半功倍的效果。

图 4 – 1 是科技文献系统结构模型图，它表明了人类对知识加工的层次性、文献源及知识本身的不断推陈出新的动态结构。

如果把此图上下分为两部分，则上部分是一次文献或信息源（粗线），下部分为二、三次文献（双线和细线）；如果把此图分为左右两部分，则左右是不平衡的，因左边部分是极其广泛的科研活动和大量产生的新一次文献，右边部分则是相对很小的图书、信息人员的工作，这些工作产生二、三次文献。但不管是哪种级别的文献，它们都将被放置到该图的中心，即图书馆和科技信息所，这是科技文献的最大集散地。

从科技文献的这种动态结构中，可以清楚地看到一个新知识有它自己被

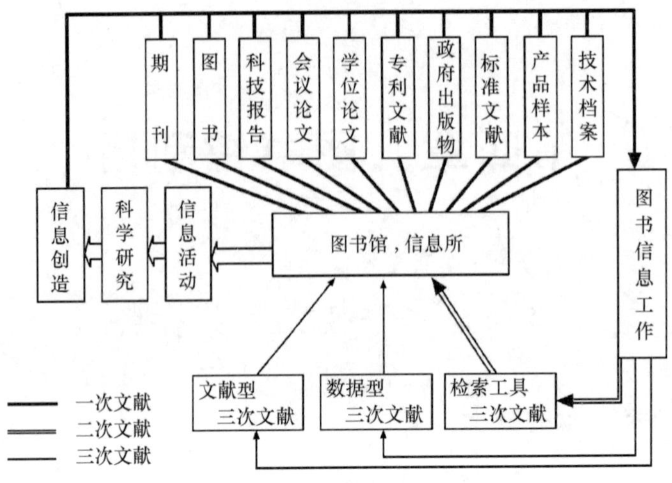

图 4-1　科技文献的系统结构模型

创立、被传递、被综合到已有的知识体系中去的过程。各种类型的文献是彼此联系、相互转化的。这种转化不是简单的位移，而是在其经历的每个环节都不断地加入了著者、编辑、信息工作者的创造性劳动，逐步使文献中所含的知识得到鉴别、提纯、综合和定型，从而使科技文献在形式和内容上不断满足人们的需求。在这一历史性动态过程中，每时每刻都在产生各种文献，它们的出现无论时间或场合都是偶然的、随机的，但就整体来说，它们的产生、演变、新陈代谢，都有一定的规律，符合某种统计学，并存在着内在的发展规律。科技文献正是按照这种类似于“链式反映”的规律发展，才使人类的知识和理论不断完善，从而发展到更新的高度，有力地推动科学技术和整个人类社会的进步。

二、科技文献的特点

1. 内容重复交叉

科学技术综合交叉，学科之间相互渗透，必然导致文献出版的相互交叉。同一内容文献以不同形式、不同文字出版；各国之间为及时了解和利用其他国家的科技成就，相互翻译出版大量书刊资料；再版和改版的文献或出版内容相同的印刷型和缩微型版本等。美国 NASA 报告中 79% 与外国和美国其他机构的科技报告重复。加拿大专利说明书的 872% 与外国专利说明书重复。

2. 数量急剧增多

科学技术迅速发展，无疑会导致各学科领域的文献数量急剧增长。以化学为例：一个世纪以前，已知的化合物只有 1 200 种，1950 年有 100 万种，而现在已知 700 万种，这必然会使文献信息量大增。现在每年出版图书 80 万种，平均每 20 年图书品种增长 1 倍，图书册数增加 2 倍。科技期刊的增长速度尤快，平均每 7 ~8 年增长 1 倍。新兴尖端科学，如原子能科学、环境科学和计算机科学领域的文献每隔 2 ~3 年就翻一番。非科技性内容的文献每 30 ~50 年翻一番。

3. 分布、出版分散

科学技术不断分化综合的趋势，使学科之间的界限逐渐消失，学科之间的相互联系逐渐增强，因而就出现了一种专业刊物所报道的内容，往往包括 3 ~5 个学科或更多的学科。理工科各专业的文献，有一半不在本专业文献之中而是分散在相关专业的文献之中。就一个学科文献而言，登在刊名与学科名称相同的、有关的、无关的期刊中的文献几乎各占 1/3。也有相当数量的专业论文相对集中在少数的期刊中，其余数量的专业论文却高度分散在大量非专业期刊中。同一篇科技文献可用不同出版类型和载体形式、不同语种重复出版。

4. 新陈代谢频繁

现代科学技术发展的一个明显特点是速度快，新理论、新技术、新产品层出不穷，这必然使文献信息量加大，同时也使文献加速老化，文献信息有效使用时间日益缩短。例如，计算机的应用软件层出不穷，更新很快，常常令人产生这样的感觉：一个软件往往还没有充分熟悉和使用，新的软件或功能更强的版本又产生了，令人目不暇接，穷于应付。知识老化的特点正迫使我们纷纷重返大学，接受继续教育，甚至这样做还不够。且看国际教育发展委员会的主席如是说：“我们再也不能刻苦地、一劳永逸地获取知识了，而需要终身学习如何去建立一个不断演进的知识体系——‘学会生存’。”

5. 语种不断扩大

科技文献语种繁多。全世界约有 3 000 种语言，在 200 多个国家或地区中使用英语的达 70 多个。现在，全世界科技期刊上采用的语种有 70 多种，常见的也有七八种，其中英语占 50% 左右，德、俄语各占 10% 以上，法语占 7%，日语占 3%，中文和其他文字共占约 8%。语种增多给科技交流和科技文献的获取带来了语言障碍。

6. 翻译数量增加

要解决科技人员阅读文献的语言障碍，迅速传播信息，必然引起文献译文的增加。科技比较发达的国家，为了使世界一些重要科技文献能在本国不受语言隔阂，较为方便的利用，相互展开了整本书、整本刊的翻译活动。另外，不少国家专门成立译文文献中心，大规模地开展译文报道、咨询和复制工作。

7. 合著者增多

19 世纪中叶以后，个体的、自由的研究组织形式逐渐让位于一种新的组织形式，即集体的合作式的研究。特别是现代科学研究的国际化和科研项目的合作化、组织化，也必然反映到文献的合作撰写上。例如，1946 年出版的《大英百科全书》，只有两名科学家编撰，而 1967 年出版的该书则有 1 万名科学家编写。

第二节　检索工具

一、检索工具的概述

1. 检索工具的定义

人类社会越进步，知识和经验越丰富，科技文献的积累也就越多。为了使浩瀚的科技文献便于管理和利用，人们将一次文献经过加工提炼，整理成有序的二次文献，编成检索工具。所以，说检索工具是用来报道、存储和查找科技文献线索的工具。

检索工具通过报道揭示文献的具体内容，使科技人员以较少的时间和精力了解有关学科概貌、水平和趋势，以便根据需要进行选择和利用。它把有关文献的外部特征和内容特征著录下来，并对其每一特征加上预先规定的标识，然后将它们按照一定的方法有组织、有系统地排列起来，即存储过程。检索工具提供一定的检索手段，使人们可以按照一定的检索方法，查找所需要的文献。简言之，如果把文献当作“宝库”，则检索工具就是打开这个宝库的“钥匙”。

2. 检索工具的特点

一般而言，检索工具具有以下三大特点：

（1）详尽而又完整地记录所收录信息的线索，以便读者能依据这些线索找到有关的信息。

（2）对所著录的信息，都标有可供检索的标识，以便读者利用任一标识能快捷地进行检索操作。

（3）提供必要的检索手段，即各种体系的索引（如分类索引、主题索引、著者索引、题名索引等）齐全，以便读者能简便快速地掌握检索方法和技巧。

二、检索工具的类型

检索工具按照不同的划分标准，可以分为不同类型。

1. 按检索方式划分

（1）手工检索工具

是指由人们直接用手工方法查寻文献线索的印刷型检索工具，如各种目录、题录、索引、文摘等。这是在较长的时间中形成并为人们所熟悉的，因此，也称为传统式的检索工具。

（2）机械检索工具

是借助于力学、光学、电子计算机等手段查找文献线索的检索工具，如卡片式机电检索工具、胶卷或胶片式的光电检索工具和磁盘、光盘及磁带式计算机检索工具等。由于机电和光电检索工具在我国从未进入过实际应用，故机检工具在我国一般指的是电子计算机检索工具。

2. 按出版形式划分

（1）书本式检索工具

书本式检索工具包括期刊式、单卷式和附录式三种。

① 期刊式

期刊式检索工具有着一般科技期刊的特点，有统一、固定的刊名，以年、卷、期为单位，定期、连续出版的检索刊物。这种形式的检索工具可随着新文献不断出现而及时报道，同时各期之间的内容按历史顺序衔接，每卷（每半年或一年）出版辅助性累计索引，对于回溯性文献检索极为方便。期刊检索工具的优点是迅速、及时、系统、完整，便于使用，便于管理，便于流通，是目前进行近期或早期文献检索最主要的工具。

② 单卷式

单卷式检索工具也称专题题录或专题文摘，以图书形式出版。它以一定的专题为主要内容，即围绕一定的专题编制的。其特点是专业性强，内容专一而集中，所涉及的文献类型较全，累积刊载的年代较长，有特定的服务对象，是进行专题研究较为系统性的检索工具。一般只出一卷或不定期的出几卷。如：专题目录、专题文摘等。

③ 附录式

附录式检索工具不单独出版，它分别附于图书、期刊中或论文之后；或

以专栏形式或以“参考文献”、“引用目录”等形式刊出。其特点是经过著（编）者收录的与某科

研课题有关的大量相关文献，虽引用的篇幅不大，但是具有极大的参考价值。

（2）卡片式检索工具

这是以卡片形式出版或积累的一种检索工具，它相当于把书本式检索工具中的每一条款目记录在每一张卡片上，并按文献的内容特征标识或外部特征标识排列起来，组织成分类目录、著者目录、主题目录等卡片式检索工具。

（3）缩微型检索工具

它是以缩微胶卷（Microfilm）和缩微平片（Microfiche）等形式出版的检索工具，即将文献缩小若干倍记载在胶卷或胶片上。具有体积小、成本低、出版速度快等优点，但必须借助于特定的设备才能阅读、检索。

（4）机读型检索工具

它是一种用计算机阅读查用的检索工具，以磁带、磁盘、光盘、网络的形式出版发行。目前国内外出版的检索工具，如《工程索引》、《科学文摘》以及《化学文摘》等都有光盘版。其特点是编辑速度快、储存容量大、检索效率高、适宜进行长时期的回溯性文献调查和新文献的定题检索。

3. 按收录范围划分

（1）综合性检索工具

综合性检索工具收录的学科范围比较广，所涉及的文献类型和语种也比较多，对于查找不同学科或专业的有关文献的科技人员来说是很重要的检索工具。例如，我国的《中文科技资料目录》、美国的《工程索引》、英国的《科学文摘》等。

（2）专业性检索工具

这种检索工具所收录的学科范围比较窄，它仅限于报道某一学科专业的文献，适用于查检某一专业性信息。例如，我国的《计算机文摘》、美国的《化学文摘》、《金属文摘》等。综合性、专业性检索工具报道的文献类型常常是多样性的，如期刊论文、图书专著、会议文献、科技报告、专利文献等。

（3）单一类性检索工具

这种检索工具只报道一种出版类型的文献，但收录比较齐全。因此，利用这种检索工具查找特定类型文献的效果，一般比利用多种类型文献的检索工具为好。如：期刊论文的检索工具有我国的《全国报刊索引》；专利文献检索工具有英国的《世界专利索引》等；另外还有查找会议文献、科技报告、

技术标准、学术论文等的单一性检索工具。

4. 按著录形式划分

（1）目录（Bibliography Catalogue）

目录也称书目，它是历史上出现较早的一种检索工具。目录是对书刊及其他单独成册出版的文献特征的记载和描述。其特点是按种（如图书或期刊）为单位进行记录与报道，并着眼于“实”有文献的收藏。它对文献的描述比较简单，只记述外部特征（如书名、著者、出版事项与载体形态等），并按一定的方法组织排列成各种不同种类的目录。目录主要用于查找有关出版物名称及其收藏单位。

（2）题录（Title）

题录是由一组著录项目构成的一条文献记录，它是在目录的基础上发展起来的。它以一篇文献为著录单位，如期刊中的一篇文章，图书中的一部分，这是它与目录的主要区别。题录的特点是报道文献的速度快，收录的范围广，并可弥补文摘性检索工具出版不够及时的缺陷。因此，题录性检索工具是查找最新文献线索重要的检索工具。题录的著录项目包括：篇名、著者、文献来源出处（即原文出版物名称、卷、期、页数、文种、出版年等）。

（3）索引（Index）

索引根据音译也称“引得”。它是将文献中各种知识单元以一定的原则和方法排列起来的一种辅助工具。这些知识单元可以是论文题目、人名、地名、名词术语，也可以是分子式、结构式、各种号码（分类号、报告号、专利号、索取号等）、各种缩写字及符号等。

索引是根据一定的需要，经过分析，分别摘录出来，每一款目后只注明文献来源出处和页数等。一般文摘性检索工具都附有辅助索引，检索者通过各种辅助索引，可从各种角度查找所需的文献线索。有的检索工具本身全由索引构成，如美国《科学引文索引》（SCI）等。就科技信息检索而言，若能熟练地掌握运用各种索引及其相互转换的关系和技巧，对于使用各种检索工具进行文献检索，提高检索效率，都将起到不可低估的作用。

（4）文摘（Abstracts）

文摘是系统报道、积累和检索科技文献的主要工具。其特点是以简练的形式，将某一学科和某一专业的原始文献的主题范围、目的、方法等做简略、准确的摘录。文摘是在题录的基础上发展起来的，它不仅著录文献的外表特征，还将文献的内容进行浓缩以揭示文献的基本观点、方法和结论等。故文摘与题录相比，只增加了内容摘要部分。文摘根据其内容的详略程度可分为指示性文摘和报道性文摘两种。

此外，还有一种评论性文摘（Critical Abstracts），这种文摘插入了文摘员个人看法或分析，其文摘质量往往取决于文摘员的专业水平。这种类型的文摘，在一般文摘刊物中不采用，只在美国的《应用力学评论》（Applied Mechanics Reviews）等检索刊物中刊载。

文摘刊物一般使用一种文字（通常为英语）将所收录不同语种的文摘进行报道，检索者只要掌握某种文摘刊物所使用的文字，就可以读懂许多不同语种文献的内容提要，从而在一定程度上消除了语言所造成的障碍。

三、国内中文检索工具

国内中文检索工具目前有400余种，中文检索工具书几乎都是按类目编排，按分类进行检索。目前主要的中文检索工具有：《中国化工文摘》、《中国医学文摘》、《全国报刊索引》、《专利文献通报》、《管理科学文摘》、《机械制造文摘》、《分析化学文摘》、《中国农业文摘》、《矿业文摘》、《石油与天然气文摘》、《硅酸盐文摘》、《冶金文摘》、《电工文摘》、《建筑机械文摘》、《汽车文摘》、《公路汽车文摘》、《水路运输文摘》、《铁路运输文摘》、《环境科学文摘》、《中国科学技术成果大全》、《中国国家标准目录》、《发明专利公报》、《中国发明奖获奖项目大全》、《通用机械文摘》、《中国机械工程文摘》、《分析仪器文摘》等。目前，除少数几种工具书有年度索引之外，绝大多数都没有累积索引。这些中文检索工具书中少数已有相应的光盘数据库（CD-ROM）向国内外提供机检服务；个别数据库已有相应的英文版，并进入了国际联机检索系统，已提供全球性机检服务。

四、国外著名的检索工具

1. 美国《工程索引》（EI）

美国《工程索引》（The Engineering Index，简称EI），是世界上工程技术领域中著名的大型综合性文摘检索刊物之一，可以用来快速查找世界范围内工程技术领域的最新文献，是世界各国，也是我国工程技术人员、研究人员、科技信息人员及有关人员经常使用的一种检索工具。

EI报道的内容很广，几乎涉及工程技术的各个领域。创刊初期侧重于土木工程。随后报道范围不断扩大，20世纪70年代起还逐渐收录新兴学科。目前的主要内容包括：土建、水利、环保、运输、石油、矿业、化工、生物工程、地质、机械、轻工、燃料、核能、宇航、军工、激光、电气、电子、通信、计算机、农业、食品技术、工业技术、管理、数理、仪表等的工程与应用技术及分支的研制、发展、设计、生产、维修、销售、工程教育、劳动保护、职业病防治等。近年来，EI 摘录的尖端内容增多，凡属纯理论方面的基础学科文献和专利文献一般不报道。EI 的全部文献来源于美国工程学会图书馆（The Engineering Society Library）所收藏的工程期刊及各种学会、高等院校、研究机构、政府部门、公司企业的出版物。

EI 名为索引，实为文摘。其文摘一般用简明扼要的字句来表示文献的内容，指明文章的目的、方法、结果和应用等方面，每条文摘在 50 ~ 150 字左右。其读者对象是工程技术人员、科研人员、工业界、教育界人士等。所报道的文献是经过挑选的，从内容看，主要是工程科学和工程技术方面的文献。其文摘主要摘自世界各国的科技期刊和会议文献、图书、科技报告，学位论文和政府出版物收录较少。

EI 收录了 50 多个国家、25 种文字的 4 500 多种出版物；EI 的报道量大，且每年都有增长，其中 50% 以上是英语文献，能反映英语国家的公开的文献情况，侧重报道美、加、英、德、日等国的文献，报道的大多数文献是由编辑人员认真精选的，比较有参考价值。

2. 英国《科学文摘》（SA）

英国《科学文摘》（Science Abstracts，简称 SA）创刊于 1898 年，由英国电气工程师学会（The Institution of Electrical Engineer，简称 IEE）、英国物理学会（Society of Physics）和英国电气与电子工程协会（Society of Electric and Electronic Engineering）合作创办。原由英国“电气工程师学会”主编发行，现由该学会下设的“物理、电工和计算机与控制信息服务部”（Information Services in Physics，Electric Technology，Computer Control）搜集文献，“国际物理和工程学信息服务部”（International Information Services for the Physics and Engineering Communities，ISPEC）编辑出版。它是一种综合性科技检索刊物，是查找世界有关物理学、电气与电子学、计算机和控制方面文献最有名望的重要工具。《科学文摘》原名为《科学文摘：物理和电工》（Science Abstracts：Physics & Electronic Engineering）。从 1903 年第 6 卷起分专辑出版。

（1）物理文摘（Serials A—Physics Abstracts，简称 PA）

1903 年从 SA 中分出，单独出版。原为月刊，从 1966 年第 69 卷起改为半月刊。主要报道内容有：基本粒子物理和场、核物理、唯物学的古典领域、流体、等离子体与电气放电、结构、热性能与机械性能、电子结构，电性能、磁性能和光学性能、交叉科学与相关科技领域（材料科学、物理化学、能源研究与环境科学)、地球物理，天体物理学。

（2）电气与电子学文摘（Serials B—Electrical & Electronics Abstracts，简称 EEA）

1903 年从 SA 中分出，单独出版，定名为《电气工程文摘》，1966 年起改为现名，月刊。报道内容有：普通电子学、线路和电子学、电子器件和材料、电磁学通信、仪器和专门应用、动力系统和应用等。

（3）计算机与控制文摘（Serials C—Computer & Control Abstracts，简称 CCA）

1966 年创刊，定名为《控制文摘》，1969 年第 4 卷起改为现名，月刊。报道内容有：总论和管理、系统和控制理论、控制技术、计算机程序和应用、计算机系统和设备等。

（4）信息技术（Serials D—Information Technology，简称 IT），创刊于 1983 年。

3.《金属文摘》(MA)

《金属文摘》（Metals Abstracts，简称 MA）是由美国金属学会（The American Society for Metal，简称 ASM）和英国材料学会（The Institute of Materials）共同编辑出版的专业性检索工具。其前身是美国的《金属文献评论》(Review of Metal Literature）和英国的《冶金文摘》（Metallurgical Abstracts）。由于两者在内容上有许多重复之处，使用方法和编排结构也大同小异，所以 1968 年两刊合并，并启用现名。

在 DIALOG 系统中 MA 命名为 METADEX 数据库，排序为 32 号文档。现今可进入 Internet 检索 MA，网址为 http：//www. csa. com/services 其电子邮件地址为：journals@ csa. com。

4. 美国《化学文摘》(CA)

美国《化学文摘》（Chemical Abstracts，简称 CA）由美国化学学会化学文摘服务社编辑出版。

它是查找化学、化工方面文献的重要检索工具，包括的文献有期刊、专利、评论、技术报告、专著、会议录、学位论文和新书等。

CA 有几个显著特点：

（1）历史悠久：CA 创刊于 1907 年，经不断更新已日益完善，并于 1969 年兼并了在世界上已有 140 年历史的德国《化学文摘》（简称 CZ)，所以 CA 在世界上已占独特地位，是一种国际性检索期刊。

（2）收录范围广泛：它不仅报道各国有关化学、化工文献，也报道农业、冶金、矿物、生化、印染等和化学相关学科的文献。它摘录150余个国家50余个文种近15 000种期刊以及其他各种原始文献。CA每年报道的文献目前已近70万条，占世界化学、化工文献的98%。

（3）出版速度快：一般原始文献发表3~4个月之内即可报道，美国的期刊论文和多数英文期刊论文当月即可报道。为求更快问世，CA出版之前先有《美国化学题录》及网络版公开发行。

（4）检索途径多：索引体系完备，仅常用的就有7~8种。除期索引外，还有卷索引和多年积累索引。

（5）忠实于原文：CA摘录内容完整地表达了原文的要点，不另作评价。对于商品市场、经济、统计及数据内容，CA不予摘录。

5. 美国《科学引文索引》（SCI）

《科学引文索引》（Science Citation Index，简称SCI）创刊于1963年，是美国科学信息研究所（Institute of Science Information，简称ISI）将法律上的引证的原理运用到科学文献方面产生一种新的检索期列。它由引文索引（Citation Index）、来源索引（Source Index）、团体索引（Corporate Index）和轮排主题索引（Permuterm Subject Index）四部分构成，并根据现期期刊中发表的文献（在引文索引中叫做引证文献——Cited Literature）中所附的参考文献（在引文索引中叫做被引证的文献——Cited Literature）的作者（叫做被引证作者——Cited Author）

组织编排文献的。每一篇参考文献就构成引文索引中的一个款目。而每一个被引证款目，又导引出与它有关的引证款目。因此，一个作者无论在什么时候发表的文章，只要被人在现期刊中发表的一篇文章所引用，这位作者的名字就会出现在引证索引中；该作者的文章被现期期刊发表的文章引用几次，在引文索引中就表现为几个引证款目，加上由它导出的引证款目，数量就更可观了。所以，利用引文索引，只要通过一个作者的名字，就可能找到与这一主题密切相关的许多篇论文。由于引文索引是通过作者引证编排和查找文献的，所以克服了传统方法的一些弱点。而且，论文之间的联系是由作者的引证而不是由任何主题词决定的，这就使收录范围具有多学科性，并能突破硬性主题壁垒，这是引文索引的主要优点。它的第二个优点是特别适合人-机械标引法，而不要求标引者必须是主题专家。因此，引文索引的编辑工作比大多数主题索引更现代化。其次，引证（这里指作者）不会像主题索引中使用的主题词那样，在科学技术上有被废弃的可能。

SCI收录内容涉及多种范围，覆盖了整个理工范围，包括94个学科。

6. 美国的《生物文摘》

美国的《生物文摘》（Biological Abstracts，简称 BA）是由美国生物科学信息社（SIOSIS）编辑出版，1926 年创刊，它摘录了 110 多个国家出版的近 9000 多种期刊、连续出版物和其他出版物中发表的生物学、生物医学领域的文摘。年报道量在 14 万篇左右。它是目前世界上收录较丰富、影响较大的有关生物学、医学和农业方面的大型检索刊物之一。它的文摘按主题类目编排。每期有著者、生物系统、类属、概念、主题五种索引。另外还有卷积累索引。

五、科技报告的检索工具

1. 《美国政府报告与索引》（GRA and I）

美国的科技报告很多，其中历史最久、影响较大的主要有四大类，即 PB 报告、AD 报告，NASA 报告和 DOE 报告、俗称“四大报告”。PB 报告早期主要用于披露从第二次世界大战战败国德、意、日得到的机密资料，以美国商务部出版局（Publication Board）的首位字母而命名。机密资料减少后，加进了美国自己的科技文献。年报道量在万条左右。AD 报告报道解密后的美国军事科研报告，年报道 2 万件左右。NASA 报告是由美国国家航空航天局负责出版的一种科技报告，创刊于 1915 年。主要报道航空与航天科研方面的有关文献。因现代航空、航天技术涉及面极广，所以它实际上是一种综合性的科技报告。其主要检索工具为《STAR》。DOE 报告是美国能源部领导出版的有关能源方面的科技报告，其检索工具为《ERA》。

2. 《能源研究文摘》（ERA）

由美国能源技术信息中心编辑出版，1976 年创刊，半月刊。它报道美国能源部所属单位的研究报告以及与能源研究活动有关的期刊论文、会议录、专利说明书及学位论文等。每期由文摘和索引两部分组成。文摘按分类编排；索引包括团体作者索引、个人著者索引、主题索引和报告索引。此外，还有相应的半年度索引和年度累积索引。

3. 《原子索引》（Atom Index）

由国际原子能机构（IAEA）编辑出版。1970 年创刊，1976 年改成文摘性刊物。它报道世界上 100 多个国家和十几个国际组织出版的有关核科学文献的主要检索刊物。《原子索引》按分类编排，每期文摘附五种索引：个人著者索引、主题索引、机构索引、会议索引和报告号、标准号及专利索引。此外，还有半年积累索引。

六、专利文献的检索工具

1.《专利公报》(Official Gazette)

由美国专利和商标局出版，1977年创刊。是了解美国专利情况和查找美国专利的主要工具书。周刊，每月为一卷。每期专利公报报道本周批准的各类专利和各种索引。主要内容有：a 专利和商标局通告；b 专利通报；c 专利申请案审查；d 再审查专利；e 防卫性公告；f 再版专利；g 植物专利；h 专利；i 设计专利；j 专利和所有人索引；k 再版、再审查、设计和植物专利和所有人索引；l 防卫性公告申请人索引；m 专利（包括再版和再审查专利）分类索引；n 设计专利、植物专利和防卫性公告分类索引；o 发明人地区索引。其中 n 项以文摘形式公布。文摘内容分为“一般和机械”、“化学”、“电气”三部分，每部分按专利分类号顺序编排。这样，每件专利的流水号就是美国专利的专利号。每期公报后面附“专利权人索引”和“分类索引”。

2. 英国德温特公司的出版物

《世界专利索引》(WPI)，1974年创刊。它以题录的形式报道24个国家及欧洲专利公约组织（PCT）的专利以及英国出版的《研究公开》、美国《国际技术公开》的有关内容。其中，对日本专利的报道仅限于化工专业的内容，1982年起又增加了电气电子专业。《世界专利索引》分一般类（P）、机械类（Q）、电气类（R）、化工类（CH）四个分册，每周出版一次，称为《目录周报》。各分册每期均有专利权人索引、国际专利分类索引、入藏分类号索引等四个组成部分。《世界专利文摘杂志》(WPAJ)，1975年创刊。以文摘形式报道除化工以外的各个技术领域的内容。1980年6月以后共有7个分册，即：P1～P3：农业、轻工、医药；P4～P5：加工、作业、光学照相；Q1～Q4：运输、建筑、采矿；Q5～Q7：机械工程；S～T：计算、仪器、测量、试验；U～V：电子元件、半导体器件；W～V：电力工程、通信。文摘周报按德温特分类体系编排。每个大类下按国名顺序和专利号大小编排。每期周报后附专利人索引、入藏登记号索引、专利号索引。1980年取消了专利号索引。

此外，德温特公司还出版有《中心专利索引》(CPI) 和 WPIJ 各种索引的《季度积累索引》、《多年积累索引》(4～5年) 和《优先案对照表》(Priority Concordance) 等。

七、标准文献的检索工具

1. 国际标准目录

由国际标准化组织（International Standard Organization，ISO）出版，年刊。该目录除电子电工领域外，按照对应的 ISO 技术委员会的序号编排，同一类下再按标准号大小顺序排列。它的内容有：主题索引、分类目录、标准序号目录、作废标准目录、国际十进分类号与 ISO 技术委员会序号的对照索引等五个部分。ISO 每年还定期出版 3 期补充目录。

2. 国际电工委员会出版物目录

由国际电工委员会（IEC）编辑出版，年刊。它报道 IEC 的有关电气工程和电子工程领域的国际标准。该目录按标准号顺序排列，并附有主题索引及国际无线电干扰波的标准目录。

八、检索工具的一般结构

检索工具虽然多种多样，但根据文献工作的标准，检索工具的结构一般由五个部分组成。以中文检索工具为例，如图 4－2 所示。

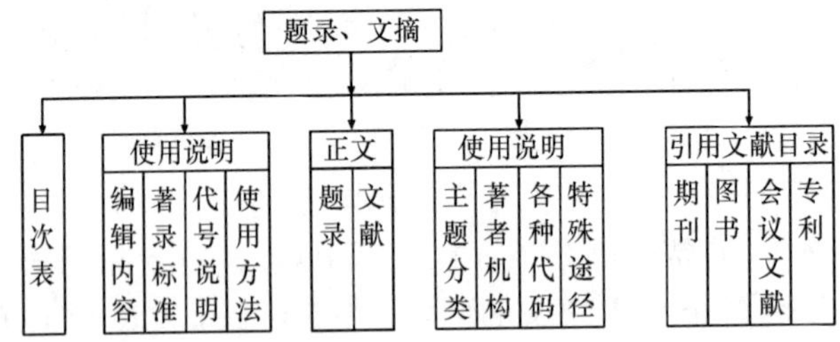

图 4－2　检索工具的一般结构

读者在利用检索工具时，应首先阅读其使用说明，然后根据所需文献所属的学科或专业，查找目次或分类表，经过浏览即可查找到文献。如果已知所需文献的主题词、著者姓名、机构名称或各种代码（如专利号、科技报告号、标准号、化学分子式等），则利用索引进行检索。引用文献目录部分可让检索者了解本检索工具所摘录的全部出版物的名称。为了节省检索工具的篇幅，增加信息报道量，大部分国外检索工具的正文条目中都使用略语或缩写语，当其中的刊名使用缩写刊名，检索者无法判断时，可以利用文献目录中的文献名称缩写与全称对照表查得全称。

第三节　科技文献的检索原理

一、科技文献检索的概念及类型

1. 科技文献检索的概念

“检索”一词具有查找、寻求、索取的意思。科技文献检索包括两方面的内容：一方面是科技文献检索线索的查找，如利用文摘、目录、索引等进行查找。另一方面是特定的原始文献的查找，是指在找到特定的文献信息线索后，找出原始文献的过程。由此看来，所谓科技文献检索就是根据不同用户的需要，按照一定的方法，从已经组织好的有关大量的科技信息集合中，查出特定的相关信息的过程。

广义的科技文献检索是由文献信息的存储和检索两部分构成的检索系统，而狭义的科技文献检索专指文献检索这一部分的内容。文献信息存储主要包括对科技信息在选择基础上进行信息特征描述、加工并使其有序化。检索指借助一定的设备和工具，采用一系列方法和策略查找出所需信息。存储是检索的基础，检索是存储的目的。

早期的科技文献检索，主要根据文献的外表、内容特征，采用手工方式实现。随着计算机技术的迅猛发展，开辟了信息处理与检索的新时期，逐步进入机械化和计算机化阶段，使得检索速度迅速提高，检索领域极为拓宽。

2. 科技文献检索的作用

科技文献检索在科学交流中起着重要的作用。它是传递科技文献信息的一条重要渠道，是人类为了充分地利用科技文献、提高工作效率而采取的一种科学交流方式。它在整个科学研究中具有重要的地位和作用，概括起来有以下几点：

（1）科技文献检索是打开人类知识宝库的钥匙

人类已有五千余年的文明史，历代流传下来的以及当今出版的众多文献汇集成一个巨大的知识宝库，用科学的检索方法系统地开发利用这一丰富的文献信息资源，对发展科学技术具有重要作用。

（2）科技文献检索能使科技工作者及时把握科技发展的动态和趋势

随着科学技术的飞速发展，新理论、新观念、新技术、新产品层出不穷。通过文献检索，科技工作人员可以随时把握住科学技术发展的脉搏和全局，及时了解国内外最新科研成果。

(3) 科技文献检索有助于拓展知识面，改善知识结构

当今科学技术的迅速发展，知识老化现象日趋严重，个人获取的知识不可能是一劳永逸的。人的一生中，需要不断地进行知识更新，不断完善知识结构，以适应社会变革和科技发展的需要。

(4) 科技文献检索能避免科研重复，加快科研工作的进程

通过检索，及时搜索、查询、分析、利用国内外文献，可以避免科研上的重复劳动，节省大量人、财、物力和时间。另据统计，在从事科学研究工作中，有近一半的时间是用于查阅文献，如果熟悉科技文献检索方法，就能大大节省查找文献信息的时间，从而加快科研工作的进程。

(5) 科技文献检索能加强科技交流，促进技术合作

科技成果主要是通过文献的形式公诸于世，科技工作者的科技成果都是以文献的形式进行交流。因此，掌握科技文献检索技能，对及时获取国内外文献有十分重要的作用。

3. 科技文献检索的类型

根据检索对象可分为文献检索、数据检索、事实检索。

(1) 文献检索

指以文献为检索对象的一种检索。即利用相应的方式与手段，在检索系统存储的信息中查找用户所需文献的过程。文献检索的目的通常是相关文献的出处和收藏地。这些文献可以是某一主题、学科、著者、年代的文献，收藏地可以是一馆、一地甚至全世界。用户通过检索获取的是文献或者文献原文。例如，查找某一研究课题一定年限内的有关文献，或对一项发明创造进行文献查新，或从事新产品开发时需要查找有关最新研究动态等等，均属于文献检索。文献检索主要是通过二次文献（检索工具）进行，如目录、题录、文摘、索引等。典型的提问式，如“关于汽车排放废气造成公害的情况有哪些文献报道?”。

文献检索根据检索内容不同又分为书目检索和全文检索。书目检索指用户通过检索获得的是与课题相关的一系列文献线索。这种方式产生较早，发展也比较完善。全文检索是以文献包含的全部信息作为检索内容，检索时可以获取全文以及有关的句、段、章等文字。全文检索是当前计算机信息检索的发展方向之一。

(2) 数据检索

指以数据或图表表示的数据为检索对象，如各种统计数据、人口数据、气象数据、企业财政数据等，并提供一定的运算推导能力。数据检索是一种

确定性检索，用户检索到的数据可以直接进行定量分析。数据检索主要利用各种字典词典、百科全书、年鉴、手册、名录等参考工具书进行，也可通过计算机网络查找大量的动态数据。典型的提问式，如“锑的原子量是多少?”

（3）事实检索

指以原始文献中抽取的关于某一事物（事件、事实）发生的时间、地点和情况等方面的信息为检索对象。事实检索也是一种确定性检索，用户获得的是有关某一事物的具体答案。典型的提问式，如“日英同盟条约是哪一年签订的?”。

一般来说，文献检索是信息检索的基本检索，它要比数据检索和事实检索复杂而困难，主要通过检索工具达到检索目的；数据检索和事实检索是信息检索的派生检索，主要通过参考工具书来达到检索目的。

二、科技文献检索的基本原理

检索系统虽然形形色色，但其构成原理却基本相同。所谓检索原理就是将检索者的检索提问标识，与存储在检索工具中的文献特征标识进行相符性比较，凡是文献特征的标识与检索提问的标识一致，或者文献特征的标识包含着检索提问的标识，则具有特征标识的文献就从检索工具中输出，输出的文献就是初步命中检索所需的文献。检索原理可用图 4－3 表示。

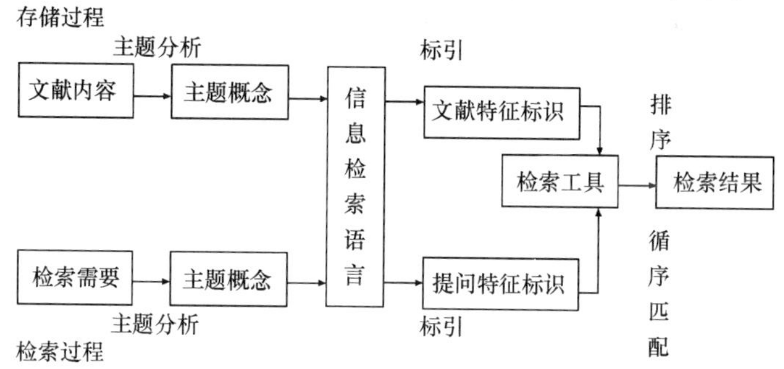

图 4－3　文献检索原理图

文献存储的第一步是对文献进行主题概念分析，即通过文献的题名、文摘以至原文，分析文献所论及的事物（主题），提出主题概念，然后选用信息检索语言对主题概念进行标引，使主题概念转换成文献特征标识。最后将多篇文献的特征标识排序，形成检索工具。检索过程的第一步是对用户的检索需要进行主题分析，明确主题概念，然后选用同种信息检索语言对主题概念进行标引。把提问主题概念转换成提问特征标识，最后在检索工具中循序匹配，匹配结果如果是存储文献的特征标识与提问的特征标识相同或相近，就是命中文献，即可检索到相应文献线索，阅读分析各条文献线索，决定取舍。此外，可把众多文献的题名、作者、机构名称、序号等外部特征标识进行排序，组织成检索工具，在检索文献时，根据相应的提问特征可直接利用检索工具，循序匹配，此种检索过程不需进行主题分析，易与实施。简单地说，文献检索的实质就是文献的内容特征标识（主题词、分类号等）或外部特征标识（文献题名、作者姓名等）与提问特征标识的相互匹配。计算机检索原理与手工检索的原理基本是一致的。

第四节　科技文献的检索语言

一、检索语言的概念

语言是人类最重要的交流工具，是信息的最主要的负荷者。人与人之间要传递信息，就必须借助语言来实现。这种信息交流，既可以通过自然语言来实现，也可以通过人工语言来实现。文献信息的存储和检索是两个紧密联系的过程，在这两个过程中，都要对文献信息进行标引（把文献的主题内容或某些具有检索意义的特征，用标识记录下来的文献处理过程）。在文献的存储和检索过程中，通常涉及文献著者、文献存储者、信息检索者和信息用户这四个方面的人。这些人因其专业知识、工作经历、地区语言习惯的不同，所使用的语言也各不相同。如不采取措施克服语言上的差异，就没有共同的语言来确保对文献信息标引的一致性，这就会给文献检索造成极大的困难。为了使文献检索顺利进行，在信息存储时，文献信息的外部特征或内容特征要用一定的语言来进行描述；而在文献检索时，对信息的要求必须使用与其相同的语言来加以表达。因此，文献信息检索语言，又称为标引语言、索引语言、信息检索语言等，是用来描述文献特征和表达信息提问，沟通信息存储人员和信息检索者双方思想的一种人工语言。文献信息检索语言是在自然语言的基础上发展完善的，它在存储过程中描述文献的内容特征或外部特征，从而形成检索标识；在文献检索过程中描述检索提问，从而形成提问标识。当提问标识与检索标识完全匹配或部分匹配时，即可命中信息。文献信息检索语言在文献存储加工和检索过程中可以保证不同标引人员对文献内容表达的最大一致性；保证对文献的标引加工所采用的语言与文献提问时的语言保持最大的一致性。

二、检索语言的基本要求

（1）具有必要的语义和语法规则。能准确地表达某一学科技术领域的任何文献和任何提问的中心内容、主题、特征。

（2）具有表达概念的单一性。用这种语言表达的每一文献或提问，只能有一种解释。

（3）具有文献检索标识和提问特征进行比较和识别的方便性，既可用于手工检索，又可用于计算机检索。

（4）检索语言体系应科学合理

三、检索语言的类型

检索语言的种类很多，依据划分方法的不同，可以分为许多不同的类型。

（1）根据是否规范化，检索语言可以分为规范化的语言（人工语言，如标题词语言）和非规范化的语言（即自然语言）。

（2）根据包括的专业范围，检索语言可以分为综合性语言和专业性语言。综合性检索语言是在一定范围内或国际范围内通用的检索语言，如各国的图书分类法。专业性检索语言是适用于某一专业领域的检索语言，如各国的专利分类法等等。

（3）根据描述文献的特征，检索语言可分为描述文献外部特征的检索语言和描述文献内容特征的检索语言。描述文献外部特征的检索语言是以文献上标明的、显而易见的外部特征，如题名、著者姓名、机构名称、文献号和文献出处等作为文献的标识和检索的依据。内容特征语言与外部特征语言相比较，它在揭示文献特征与表达信息提问方面，具有更大的深度，在用来标引与检索时，更需要依赖标引人员的智力判断。内部特征语言的结构与使用规则，远比外部特征的检索语言复杂，因而，对内容特征语言的研究，成为信息检索语言研究的主体与核心。文献内容特征的检索语言包括分类语言和主题词语言，我们所说的检索语言通常都是指表达文献内容特征的语言。

（4）按标识组配方式，检索语言可分为先组式检索语言和后组式检索语言。先组式检索语言是描述文献主题概念的标识在检索之前就已经固定好了的标识系统，如分类语言、标题词语言等。后组式检索语言是描述文献主题概念的标识在检索之前未固定组配，而是在检索时根据检索的实际需要，按照组配规则临时组配的标识系统，如叙词语言等。

下面我们着重介绍常用的分类语言和主题词语言。

四、分类语言

分类语言以学科体系为基础，将各种概念按照学科性质进行分类和系统排列，并按分类号编排组织成一个完整的体系。它按照知识门类的逻辑次序，运用概念划分和归属的方法，采取由总到分、由一般到个别、由抽象到具体、由低级到高级、由简单到复杂这样层层划分，逐步展开，形成一个有序的等级制体系。分类语言的具体表现是分类法。分类法的分类体系，通常以分类表的形式体现出来，所以一般对分类法和分类表常不予严格区分。

1. 分类表的结构及功能

分类表中的各级类目常被赋予一定的类号和类名，各种分类表所采用的编号方法各有不同。有的使用单一符号，即分类号全由数字或拉丁字母组成，有的使用混合号码，即由数字和拉丁字母相互配合而成，在编号制度上有的采用顺序制，有的采用层累制，有的则为层累顺序相结合的混合制，详见有关文献分类的专著。

分类表大体上由下列部分组成：

（1）编制说明：包括列类原则、体系结构、标记方法等。

（2）基本大类：用户据此可对某一分类体系有一个总的了解。

（3）简表：这是体系分类表的骨架，承上启下。对文献进行分类时可先用简表作引导，再到详表中寻找适当的细目。

（4）详表：也称主表，是分类表的正文部分。

（5）辅助表：也称复分表，他们用以细分详表中的类目。其功能是减少分类表的篇幅，且有一定的助记性，一般附于详表之前或之后。

（6）类目索引：本索引将各个类名按字顺排列，并指出相应的类号，因而有助于确定分类号，也便于从某个主题去查找有关类目。

我国图书馆和文献信息部门目前采用的分类法主要是《中国图书馆图书分类法》（简称中图法）、《中国图书资料分类法》（简称资料法）、《中国科学院图书馆图书分类法》（简称科图法）等。国外采用的主要是《杜威十进分类法》（Dewey Decimal Classification，简称杜威法，DDC 或 DC）、《国际十进分类法》（Universal Decimal Classification，简称 UDC）、《美国国会图书馆分类法》（Library Congress Classification，简称国会法或 LC 分类法）。国外一些著名的信息机构也有其自编的分类法。此外，一些检索工具往往编有自己的分类体系，结构也较为简单。

分类表在文献信息存储和检索过程中，其功能主要反映在以下两个方面：

（1）分类表是标引文献信息和组织分类目录的依据，也是文献分类排架的依据。

（2）分类表是检索者从学科、专业角度检索文献信息的依据。

2. 分类语言的特点

（1）分类语言是以学科分类为基础的一种信息检索语言，能较好地体现学科的系统性，符合人们认识事物的规律和处理事物的习惯，便于从学科和专业角度检索文献，也便于组织文献信息的排架，因此，容易为人们熟悉和使用。

（2）分类语言采用的检索标识，是国际上广泛采用的拉丁字母和阿拉伯数字，通用性强。但在标引文献信息时，需经过双重间接转换（即主题概念—学科概念—分类号码），转换过程易发生偏差，容易出错。

（3）分类语言能较好地反映学科的纵向关系，而不容易反映学科间相互交叉渗透的横向联系，因而不易准确标引和检索交叉学科的文献。

（4）分类语言是一种先组式的信息检索语言，即在检索之前就已经固定好的标识系统。具有相对稳定性，不能随时修改和补充，难于反映新兴学科的内容，因而较难标引和检索新兴学科的文献。

（5）使用分类语言标引和检索文献信息时必须对学科的分类体系有较深了解。

五、主题词语言

1. 主题词语言概述

主题词语言是一种描述语言，是用自然语言中的名词、名词性词组或句子描述文献所论述或研究的事物的概念（主题）。文献的主题则是文献研究、讨论、阐述的具体对象或问题。

主题词是主题词语言的核心，这些描述主题概念的名词或名词性词组就是主题词。它取自自然语言之中，有的经过规范化处理，有的本身就是自然语言中的一部分。

与分类语言相比较，主题词语言有两大特点：其一，能直接用描述文献内容特征的名词性术语作为标识来揭示文献的内容特征；其二，把这些标识按字母顺序排列成主题词表，以此作为标引、检索文献的工具。

利用主题词语言进行文献信息检索时，首先要对检索课题进行主题分析，对照主题词表选择专指度最高的主题词，再按主题词查阅检索工具，即可获得所需文献线索。

2. 主题词语言的特点

（1）直观性强

主题词来源于自然语言，用主题词作为标识比较直观，符合人们的辨识习惯。主题词在词表中按字顺排列，易于利用。

（2）专指性强

用作主题词的语词作标识一般都经过规范化处理，一个标识对应一个概念，使主题词对概念描述具有专指性。

（3）灵活性强

通过主题词之间的概念组配来揭示文献中形形色色的主题，这是主题词语言的主要优点。尤其是后组式主题词语言的组配原则，便于人们按照检索需要，自由组配检索概念，具有很大灵活性。利用主题词语言进行文献信息检索时，首先要对检索课题进行主题分析，对照主题词表选择专指度最高的主题词，再按主题词查阅检索工具，即可获得所需文献线索。

3. 主题词语言的种类

目前，常见的主题词语言有标题词语言、单元词语言、关键词语言和叙词语言。

（1）标题词语言

标题词是指用描述文献主题内容的、经过规范化处理并具有固定组配关系的名词性术语（包括词组和短语）。以标题词为标识来存储和检索文献的信息标识系统称为标题词语言。这是最早出现的一种按主题来标引和检索文献的主题词语言，与分类语言同属于先组式信息检索语言，但它不用分类号而改用语词作为文献标识。比如美国《国会图书馆标题表》（简称 LCSH）就属于这类。

标题词有两级：主标题词和副标题词。两级标题是按照“事物－事物的方面”的原则组成。主标题词是“事物”的主体，主要是表达“事物”的名称，如 FOOT BRIDGES（人行桥）；有时也用来描述事物“过程”的概念，如 MOISTURE DETERMINATION（湿度测定）等。副标题词用来进一步限定、修饰、细分主标题词，是“事物的方面”，表达主标题词的某一方面，如应用、性能、方式、方法等，起着主题分类的作用。

标题词的排列顺序，首先按主标题词的字顺排列，这样同一主标题词的文献必然集中在一起，然后再按副标题词的字顺排列，这样就使存储在检索工具中的文献形成了按“事物－事物各方面”的排检系统。美国的《工程索引》就是以标题词来标引和编制索引的检索工具。例如：

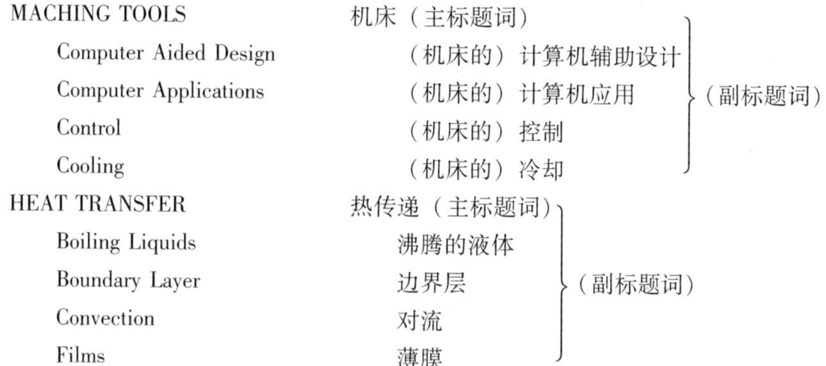

①标题词语言的参照系统：用来将有关的标题词联系起来，指引检索者准确地、多途径地选择标题词进行检索，提高查全率。

See（见）参照的作用：See用来把不作为标题词的自由词引见到作为标题词的规范化词汇。See所指引的标题词有以下几种：

同义概念：如ABRASIVE WHEELS See GRINDING WHEELS（砂轮）

下位概念：如COMMUNICATION（通信）、See TELECOMMUNICATION（电信）

上位概念：如ALLOYS（合金）See METALS AND ALLOYS（金属与合金）

Seealso（参见）参照的作用：Seealso用来把标题词引见到其他相关标题词，使检索者能从更多的检索入口查找到相关文献。如FLUORESCENT SCREENS（荧光屏）See also PHORS（磷光体）、BOILERS（锅炉）See also STEAM GENERATORS（蒸汽发生器）

主题注释的作用：注释是说明标题词的意义、用法和所属学科等。如CHEMICAL PLANTS（Forsubheadings，See BUILDINGS and/or INDUSTRIAL PLANTS）即“化工厂”这一主标题词下的副标题词，与“建筑物”和（或）“工厂”这两个主标题词下的副标题词是一样的。

②标题词表：标题词语言中对词汇的规范化以及参照系统的建立，均通过标题词表体现。标题词表是标题词和非标题词的汇编。它的作用在于控制词汇，使之规范化，并建立参照系统。标题词语言是存储和检索文献的依据。标题词表一般由下列三部分组成。

编制说明：说明标题词表的编制经过、收录标题词的学科和专业范围、选词原则和标准、规范化措施、标题词款目的著录格式、辅助符号的含义、标题词的排列方法等。

主表：是标题词表的正文，包括全部的标题词、非标题词，按字母顺序排列，并有显示词间关系的参照和注释。

附录：包括副标题词表（列出全部副标题词）以及其他附录部分。

标题词表使用时要确定主标题词，选准副标题词，重视参照系统的利用，充分利用附录，提高检索效率。

③标题词语言的特点

用标题词直接标引文献的主题概念，直观性强；

按字母顺序排列的标识系统容易掌握，检索速度快；

与分类语言一样属先组式检索语言，其专指性虽比分类语言为好，但不如后组式检索语言那样能充分表达复杂的主题概念。同时，由于标题词表相对稳定，所以难以及时反映因科技发展而产生的新概念。

（2）单元词语言

单元词又称元词，是指从文献中抽取出来的、经过规范化的、能表达文献主题的最小的和最基本的词汇单位，它们在字面上已不能再分解，否则就会使用分解后的词在专业领域内不再具有独立意义。单元词不选用词组和短语去表达复杂的概念，这是它与标题词的主要区别。例如“模糊数学”这一概念，按单元词的做法是通过“模糊”和“数学”两个单元词组配来表达该概念的，而标题词则是直接选用“模糊数学”这个词组来表达它。元词集合构成元词表，如专利工具中的《WPI—规范化主题词表》就是一例。

实际上，表达事物概念，除了单一概念外，还有许多复合概念，由于科技的日新月异，单元词语言已不能适应信息检索的要求，因此它已被更先进的叙词语言所代替。

（3）关键词语言

关键词是指从文献的篇名、文摘和正文中抽取出来的对表达文献主题有实质意义并在揭示和描述文献主题内容上起关键作用的词和词组。这些词中除了禁用词（stop－term），如冠词、介词、副词等，几乎所有有意义的信息词汇都可以作关键词。因此，它是一种未经规范化的自然语言（或做极少量的规范化处理）。也不像标题词、叙词那样编有词表，关键词之间的等级关系和相关关系无从体现。以关键词为标识，用来存储文献、检索文献的信息标识系统称为关键词语言。关键词语言属于先组式检索语言。例如，下面语句中括号内为关键词：

①（计算机）在（桥梁设计）中的应用。

②（岩石）（断裂）理论。

③（汽车）（发动机）（加速性能）的研究。

关键词语言采用轮排方式编制索引，它将文献中的一些主要关键词抽出，然后将每个关键词分别作为检索标识，以字顺排列形成一种检索工具。一篇文献抽取的关键词越多（一般为 2 ~ 5 个），标引深度就越深，检索入口也越多，查到该篇文献的机会就越大。

用关键词语言编制的索引，归纳起来有两大类：一类是带上下文的关键词索引，常见的如题内关键词索引，题外关键词索引等；另一类是不带上下文的关键词索引，常见的有单纯关键词索引（又称普通关键词索引）等。

题内关键词索引又称上下文关键词索引，主要是从文献题名中抽出关键词进行轮排，但关键词上下文的顺序即原文献题名不变，这种索引保留了文献题名中的非关键词部分（如介词、代词、冠词等），故而保留了文献题名的语法结构，含义较明确，但篇幅较大。例如：

上文	检索关键词和下文
汽车	发动机加速性能研究
汽车发动机	加速性能研究
	汽车发动机加速性能研究

题外关键词索引是题内关键词索引的一种改良形式，它的原理、方法与题内关键词索引相同，改进之处是把关键词作为标识单独抽出放置于左边，其后或下一行列出文献题名的其余部分。例如：

	检索关键词	文献标题
	发动机	汽车发动机加速性能研究
汽车	汽车发动机加速性能研究	
加速性能	汽车发动机加速性能研究	

普通关键词索引是从文献题名、文摘和正文中将表达文献主题内容的关键词抽出进行轮排，因而每个关键词均可作为检索入口，而其他关键词则排于其下作为说明语，说明语中各关键词之间无语法关系，含义不够明确，检索者只能根据几个鼓励的词来判断文献的主题内容。这种索引编排简单，篇幅较小。例如：

发动机	加速性能	汽车
加速性能	汽车	发动机
汽车	发动机	加速性能

关键词语言的最大优点是适用于电子计算机自动抽词标引，编制各种类型的关键词索引，可缩短检索工具出版的时滞。此外，关键词是科技工作者习惯使用且容易接受的自然语言中的语词，用户易于掌握。但由于关键词未经规范或仅进行少量规范，易造成标引与检索之间的歧义与误差。

（4）叙词语言

叙词是指具有组配功能并经过规范化处理的表示单元概念的名词或名词性的词、词组。以叙词为标识，用于存储文献和检索文献的信息标识系统称为叙词语言。叙词语言是主题词语言的高级形式，它将经过严格规范化处理的自然语词作为概念组配单元的标识，用来存储文献和检索文献。

叙词语言是一种后组式信息检索语言，它采用概念组配代替单元词语言的字面组配，采用标题词语言对语词进行规范化处理，采用分类语言的基本原理编制叙词分类索引（范畴索引）和等级索引（词族索引），采用与关键词类似的方法编制叙词轮排索引，从多方面显示叙词间的相互关系，以保证准确、全面地选用叙词进行标引和检索。它集分类语言、标题词语言、单元词语言和关键词语言之大成。用叙词语言来描述与表达文献主题比较灵活，还使叙词具有优异的多维检索的功能，无论文献的主题多么复杂，都能通过叙词的组配进行有效地检索。现在已占据了主题词语言的主导地位，特别适用于计算机检索。

应用叙词来标引和检索机读文献数据库中的文献信息，这是叙词语言最主要的用途。叙词语言只有应用在计算机的文献信息检索中，才能充分发挥其功能。

六、分类语言与主题词语言的比较

通过前面对分类语言与主题词语言的介绍，我们知道无论是分类语言，还是主题词语言，若单独使用都存在着不足。所以，国内外的检索工具经常同时使用两种检索语言，以发挥其各自的优点来满足不同检索者的要求。例如，英国《科学文摘》（SA）、美国《化学文摘》（CA）采用分类语言编排文摘，同时也提供了主题索引来满足检索者从主题概念入手查找文献的要求。

下面通过表 4 – 1 对分类语言与主题词语言进行系统的比较。

表 4-1 分类语言与主题词语言的比较

比较项目	分类语言	主题词语言
结构体系	以学科的逻辑体现为中心，反映事物从属、派生和平行关系	以语言为中心，不管学科和科学的逻辑序列，直接用词语做主题标引
标记符号	以人为的标记符号即数字码作为标识，不直观，较难记	以自然语言中表示概念的词作为标识，直观易记
组织方式	以线性序列结构为特点，其类号只代表线性序列	不受学科体系限制，主题词之间完全独立
提示事物	以学科系统提示文献，所研究和讨论的问题都属于同一类学科门类	着眼于提示特定事物，特定对象
目录组织	较为容易	较为复杂
读者使用	需要熟悉分类法	需要掌握专业知识及其对应的文字表达
适应性	体系固定，类目相对稳定，对排架、借阅统计、出通报有利，但修改起来较困难	不受体系约束，能较及时地反映新技术，增删灵活，修订方便，对咨询和查找专题有利，适于机检

第五节 科技文献的检索方法

查找文献，必须掌握特定的检索方法，以便迅速、准确地获得所需要的文献。目前常用方法的有以下几种。

一、直接查找法

直接查找法是由科技人员直接阅读原始文献并从中获得所需文献的方法。不少科技人员习惯于利用该法从本专业的核心期刊中或其他类型的原始文献中直接查找最新文献。其优点是所获文献比较直接，可深入了解其文献内容实质，并对是否合乎需要立即做出判断。不过，在当前文献数量庞大而分散的情况下，单凭使用这种方法很难做到快、广、准地查获所需文献，故它只能作为利用检索工具查找文献的一种辅助方法。

二、间接查找法

也称常用法。所谓间接查找法就是通过检索工具（文摘、索引等）查找文献的方法，它包括顺查法和倒查法两种。

1. 顺查法

即由远而近的查找方法。首先根据课题选择适当的检索工具，从课题研究的最初年代为起点，逐年的进行查找，直到满意为止。查找时，开始可将所查文献的范围放宽一点，如所查线索较多时，可将其课题的范围缩小，待查到一定数量文献之后，从中去粗取精，只选取与课题针对性强的文献。这是一种从旧到新的文献查找法。利用这种方法所查的文献尽管比较全面、系统，但耗时费力，且效率低。

2. 倒查法

即由近及远的查找方法，它与顺查法相反，该法适用于一些新课题或老课题的新现状的文献查找。一般来讲，近期文献在论述现代科学的同时，一般均引用、论证和概述早期的技术资料，从而可以了解有关课题早期的发展情况。当查找到一定的所需文献线索后即适可而止，然后对所查文献进行精选，使用这种方法比较节约时间，灵活性大，检索效率高。

三、引文追溯法

这是较传统的获取文献的方法。它主要以文献著者在文章最后所附的参考文献（Reference Literature）为基础，进行追溯查找。这在某种程度上可以扩大文献来源。当然，利用该法进行追踪查找也能获得一些所需要的文献，但所查获的文献不够全面，而且往前追溯年代越远，所查获的文献就越陈旧，故一般是在没有检索工具或检索工具不齐备的情况下，作为查找文献的一种辅助方法来利用。

四、循环法

也称“分段法”或“交替法”。该法实际上是间接查找法与引文追溯法的综合检索方法，即在查找文献时，先利用检索工具查出一批有关文献，然后通过精选，选择出与课题针对性较强的文章，再按其后所附的文献进行追溯查找，分期分段的交替进行，如此查找可以获得较多的有关课题的文献。这种方法兼有上述两种方法的优点，查全率与查准率较高。

五、抽查法

抽查法根据某一学科专业发展的特点，针对该课题发表论文较多的年代，抽出一段年限（几年或几十年）进行逐年查找的方法。该法可用较少时间查到较多文献，检索效率高。

以上介绍了几种查找文献的方法，在实际工作中应采用哪一种，这需根据具体情况而定。一般来讲，在检索工具齐备的情况下，主要采用“间接查找法”，如检索工具比较缺乏或不够齐全的情况，可以考虑采用“引文追溯法”或“循环法”等。

第六节　科技文献检索步骤

文献检索主要是根据既定的课题要求，利用检索工具，按照一定的方法和步骤，把符合需要的文献挑选出来的过程。诚然，合理的检索方法、步骤可以提高检索效率和检索质量。这里讨论检索步骤的目的在于寻求一种如何以最少时间获得最佳效果的方法。

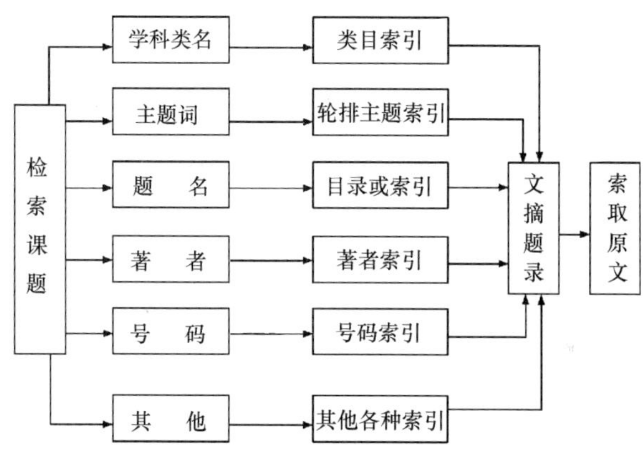

图4－4　检索过程示意图

一、分析课题，拟定检索标识

当课题确定之后，首先要将该课题的内容实质与所涉及的学科范围及其相互之间的关系进行周密的分析研究。同时，还将所需哪些国家和语种以及哪些年限之内的文献等确定下来。这样，经过课题分析，选择出能代表主题概念及其相关事物中本质的检索途径与标识。此外，还有些检索工具要求与相应的词表或分类表进行核对，借以提高查准率。总之，做好检索前的准备工作是决定检索质量的关键。例如：从事一般性的科研、生产技术工作，要掌握学科动态，主要利用期刊论文、会议文献、科技报告、专利文献；定型产品的设计和检验，侧重于利用标准文献；从事发明创造、技术革新，主要利用专利文献；产品的外观设计，主要利用产品资料。

确定课题主题概念并进行标引是检索中的难点，为了帮助检索者掌握其方法和技巧，下面举一个实例来进一步说明。

课题名称：电火花加工普通机床附加装置

课题研究的主要内容特点是：

第一，在普通机床（如车床、铣床、磨床、钻床等）上通过一种特制的附加装置，实现电火花加工，以便于一般制造厂和机械车间推广使用电火花加工技术，解决难加工材料、薄壁件和细小深孔等机械加工工艺难题；

第二，利用简单的直流电源与具有不连续工作表面的工具电极复合产生脉冲电源进行电火花加工。

根据课题的主要内容特点，可提炼出课题的主题概念如下：电火花加工；机床附加装置；电脉冲；金属加工。

根据课题的主题概念，可以初步拟定出一些检索标识（准确的检索标识要以所选用检索工具各自使用的检索语言词表而定）：电火花加工，特种加工工艺；机床附加装置；电脉冲，机械直流式电脉冲；金属切削、车削、铣削、磨削、刨削、钻孔等。

如在这一阶段已明确要查阅哪些检索工具，则应根据这些检索工具所用的检索语言准确标引出它的检索标识。如要检索《中国专利公报》，那么就可用《IPC》标引其分类号：B23H5/04，B07H，B07N。如查《全国报刊索引》，《中图法》分类号为 TG、TH、TM。

时间范围的确定：当今科技迅猛发展，一般科技文献中的技术 5 ~ 20 年就要过时，所以，一般的科技课题的检索时间范围在 5 ~ 20 年以下。

地域范围的确定：首先确定课题研究领域领先的国家、地区、机构（包括机构的研究人员），其次是检索的文献是否易于获取。

二、选择检索工具

利用哪些检索工具进行查找，这直接与检索效率有关。首先根据课题的需要，选择与所查课题相适合的检索工具。为此，要注意其所报道的学科专业范围，所包括的语种和所收录的文献类型等；同时，在选择中不仅要着眼于综合性检索工具，还要以专业性和单一性的检索工具相配合，以保证查全率。选好专业对口的检索工具并不是每一个人都能熟练掌握的，在有些情况下，可参考有关工具书。

三、确定检索方法

为了迅速、准确地查找文献，还必须针对某一课题的具体情况选用适宜的检索方法，是使用上述的间接查找法，还是用循环查找法以及其他方法，这都应在查找前确定下来。究竟采用哪种方法最合适，主要应根据检索条件、检索要求和学科特点而定。

1. 检索工具的条件

在没有检索工具可利用的情况下，可采用追溯法。在检索工具比较齐全的情况下，可采用常用法和循环法，因为它们的查全性、查准性都比较高。

2. 检索课题要求

通常要求检索又快、又准、又全，但三者又难以兼得，若以全、准为主，应采用顺查法。顺查法适用于科研课题复杂，研究范围较大，研究时间较长的科学研究。新兴的课题以快、准为主，宜用倒查法。

3. 学科发展特点

选择检索方法还必须考虑课题的学科发展特点。如检索课题属于新兴学科，一般采用顺查法；如属较老课题，起始年代早，或无从考查，则可采用倒查法；有的学科在一定的年代里处于兴旺发达时期，文献发表的特别多，则在该时期内采用抽查法检索效果好。

四、确定检索策略

所谓检索策略，就是在分析课题提问的基础上，确定检索工具、检索系统、数据库、检索方法、途径与检索项目，并明确各检索词之间的逻辑关系与检索程序的科学安排。

五、确定检索途径与检索标识

科技文献具有两种特征：一种是内容特征（即文献内部包含的知识信息的潜在项目），如分类、主题；另一种是外表特征（即从文献载体外表上显而易见的项目），如篇名、著者姓名、号码（报告号、登记号、专利号、标准号等）、语种及出版事项等。当科技人员拿到一项课题后，具体选用哪一条检索途径，这需从课题对文献本身的特定要求和已掌握的线索而定。如系统查找某一课题的文献，一般应从内容特征的途径（主要有分类途径和主题途径）查找；如需了解某一科学家、工程师近几年来的工作动态，则需从外表特征中的著者途径查找。检索工具的检索途径很多，其中包括：

1. 从文献外表特征的检索途径

(1) 文献名称途径

从书名、刊名、篇名着手查找文献的途径。但是，由于科技文献的数量极多，文献名称相似的又较多，不能将内容、主题相同的文献集中，所以在文摘和题录刊物中一般不采用文献名称途径。

(2) 著者姓名途径

可以从著者目录，或著者索引查找文献。国外对著者索引非常重视，许多文摘和题录刊物都把著者索引作为最基本的辅助索引之一。著者途径的特点是：专业科技人员一般是各有所专的，尤其是在某些专业领域里的知名学者、专家、权威，他们的文章一般都代表一定的水平和动向，通过著者线索，可以连续地发现和掌握他们研究的发展。在同一著者的目标下，集中内容相近或内容间有逻辑关系的文献，可以查寻某著者最新的论著。一定程度上，可以引导查到同类或相关的文献。

(3) 文献序号途径

许多文献有固定的编号，如专利说明书编有专利号，技术标准有标准号，科技报告有报告号，文献收藏单位有馆藏号、索取号、排架号等。

2. 从文献内容特征的检索途径

(1) 分类途径

目前一般采用中国图书分类法。它是按照一定的观点和法则，以科学分类为基础，运用概念划分的方法，将知识分门别类划分列表。如将自然科学知识划分为数理科学和化学、天文学和地球科学、生物科学、医学、农业和林业、工业技术、交通运输等大类。每一大类又按一定标准分为若干类，每一类又划分为若干小类，逐级以扇面式展开，构成一个概念项目在上下、左右、前后之间有一定逻辑联系的类属体系，用以组织文献检索系统。

(2) 主题途径

主题系统，就是将文献系统进行主题分析，确定其主题词，按照主题词字顺排列组织的检索系统。检索时，像查字典一样，按字顺就可以找到主题词。

(3) 关键词途径

所谓关键词是从文献的题目、正文或摘要中选出的，表征文献主题内容的具有实际意义的词汇。

关键词与主题词不同的地方，在于主题词是规范化的语言，而关键词则是采用原文献的同义词，而不予以规范化。

关键词索引就是将文献分拆成几个关键词，然后按照每个关键词的字顺加以排列，以便从关键词入手来检索。

（4）其他检索途径

分子式索引：按化合物分子符号排列。专利号索引：按照专利登记号排列。

以上检索方法和途径都是针对手工检索而言的。但不论是计算机检索还是手工检索，其原理是一样的，可以说，手工检索是计算机检索的基础，掌握了这个基础，再利用计算机检索就容易多了。

六、有关检索的若干问题

要进行成功的文献检索，除了掌握一般的检索知识和方法外，还要培养综合性检索能力。当然，这与增长科技知识的积累，加强语言文字的阅读理解能力，注重调查研究的方法是分不开的。概括有以下几点。

1. 善于“积累”

在课题研究项目着手研究之前，必须查阅有关的科技文献，国外称为“早期研究阶段”。平时养成检索的习惯，注意早期积累。

2. 利用“条件”

尽量利用各种有利条件，从最简捷途径着手检索。如已知专利号，就从专利号索引着手；已知某个著者，可先用著者索引。具体项目、有针对性的问题，可从主题索引、关键词索引去查。广泛性、系统性的问题，可从分类体系中查。了解最新的文献动向，可从近期文摘刊物的分类目次中选择适用的范畴，进行一般性的浏览。

3. 检索“策略”

在接受课题后，要全面考虑一下检索“策略”和进行的各项步骤：确定检索要求→确定检索范围→熟悉检索命题→制定检索策略→进行探索性查找→检索计划的调整→探索过程的展开→检索过程的反复→检索结果。

4. 交叉补充

除了利用检索工具开展检索过程之外，还要利用各种期刊补充查找一下。因为检索工具报道的“时差”因素，有些最新文献线索可能尚未编入检索工具之中。另外，检索工具收录的文献也有一定的限制，尤其是一些不公开发表的文献。这些文献在某个图书馆和文献信息部门的馆藏目录中可能有，需补充查找一下。如果有条件，最好能利用几种文摘交叉进行检索，就能起到文献线索的核对作用。尽管会出现重复现象，但一定会得到不少补充，降低漏检。

5. 做好记录

查阅文献必须做好记录。有用笔记本的，有用卡片或活页本的。每次记录时，注明查获文献的各项内容和外表特征，如著者姓名、期刊名称、卷、期、页次、年份、文摘的杂志卷号、页码（或文摘号）、题目名称、内容摘要等等。记录在卡片上较好，可以事后编排分类，成为专题性的积累，为需要时查找创造条件。

6. 原文转换

在获得文献线索后，要千方百计地寻找原文。若原文一时难以找到，可以考虑从文献的交叉重复发表的范围中查找某一种类型的文献来代替。如某国某号专利没有原件，可查别国的专利。某份科技报告查不到时，可再到政府出版物中去寻找。某次会议文献找不到，可到学术性期刊、学报中去找。某种文字的文献不懂时，可查其译文文献。如果实在找不到原件，可用它的文摘来代替（最好是较详细的报道性文摘）。

7. 阅读“艺术”

阅读时一定要注意时间，培养快速阅读法，很快地浏览全文并摘出要旨。查阅时要注意记录下那些对于进一步检索有启发性的要点，以免过后遗忘。有一些早年发表的文献，其主要内容可能早为大型参考书所引证，或随着时间的推移，内容已经老化，为新的论点所取代。但有时也不宜忽视，因为它可能仍不失其参考价值。

第五章　电子文献资源及其检索技术

第一节　电子文献的组织方式

电子文献是以二进制形式存储在磁、光、电等介质上的能够为计算机所识读的信息集合。电子文献除了能够存储印刷型文献的文字、图表和图画之外，还能够存储声音、动画等信息。在电子文献中，一般采用数据库结构组织和管理各类信息，通过特定的应用软件来编辑、检索和浏览。因此，电子文献中的信息必须进行一定的格式化处理，以一条条记录的形式存储在数据库中。

随着网络的发展，电子文献不但包括各类电子出版物，如电子图书、电子报刊、多媒体电子出版物和数据库等，还包括分散存储的大量网络信息资源，如新闻、网络导航、电子邮件、网上报刊、网页、论坛等。图书馆的电子文献源并非包括所有 Internet 信息，只包括采用信息资源组织技术集成了的能够为用户提供信息服务的信息集合。

由于电子文献数量巨大，内容广泛，形式多样，结构复杂，分布零散，所以难以规范化、结构化。电子文献信息的组织方式主要有文件方式、数据库方式、主题树方式和超媒体方式，其中以数据库方式应用最广，分别叙述如下。

一、数据库组织方式

数据库技术是对大量数据进行管理的技术，可以大幅度提高信息管理的效率。由于数据库可以按多种方式查询并且可以根据实际需要调整结果集合的大小，大大降低网络数据传输量。所以，数据库方式是当前普遍使用的电子信息资源组织方式，如国内外各类大型检索工具都采用数据库技术。

1. 数据库的类型

数据库技术产生于 20 世纪 60 年代末 70 年代初，80 年代开始广泛应用于科学研究、信息存储加工等领域。数据库是一定数量的数据存储于特定的存储介质之上，以特定的结构相互连接于一体形成的数据集合。数据库系统中，各数据之间多维的逻辑结构使得所有数据之间形成了一个有序的集合，减少了数据的冗余度。

由于数据组织的结构与数据之间存在的相互关系的差别，数据库有层次数据库、网状数据库、关系数据库以及面向对象数据库等不同类型。

层次数据库是用树型结构来表示数据之间联系的模型，它把客观问题抽象为一个严格的自上而下的层次关系。在这类数据库结构中，有且仅有一个无父结点的根结点。层次数据库具有层次分明、结构清晰的优点，适合于描述客观存在的事物中有主、细目之分的结构关系。

网状数据库用网状结构来表示数据之间的联系。它既能反映数据间的纵向关系，又能表达数据间的横向关系，也就是说能反映数据间的多对多的复杂关系。

关系数据库是用二维表格数据来表示数据之间的联系。既能反映数据间的一对一、一对多关系，也能反映多对多关系。关系数据库具有数据结构简单、概念清楚的特点，符合自然习惯，而且格式单一，可以通过公共属性建立关系之间的多种联系。

面向对象数据库是把面向对象技术与数据库技术结合起来研究和开发的一种新型的数据库理论。把传统数据库中的数据和对数据的操作过程一体化，组成易于赋予语义的对象。具有表示和构造复杂对象的能力，能够有效地用于计算机辅助设计、计算机辅助制造、音频信息及视频信息的存储、检索等管理过程。

2. 数据库技术在电子文献组织中的应用

在文献信息处理过程中，数据库技术很好地解决了大批数据的存储和检索问题，成为电子文献源广泛采用的一种数据组织技术。

早在20世纪60年代，数据库开始在文献与科技信息方面得到发展，出现了计算机控制的光电照排文摘索引刊物。早期的文献数据库多为采用关系型结构化数据库系统的书目数据库。书目数据库只存储有关主题领域各类文献的书目信息，以二次文献的形式报道文献，提供查找、获取文献的线索。具有信息量大、信息密度高、文献报道范围广、数据连续性强、累积性强等特点，是用户快速查找文献的有效工具。如题录数据库、文摘数据库、引文数据库、期刊目次数据库以及图书馆馆藏目录数据库等。书目数据库中的数据来源于期刊论文、会议论文、研究报告、专利文献、学位论文、图书、政府出版物、报纸等各种不同的一次文献，是经过压缩的派生性数据。

自从20世纪80年代以来，特别是在90年代，随着磁盘存储技术、扫描技术和全文数据库技术的不断提高，文献数据库的规模和类型迅速发展，出现了大批全文数据库。全文数据库采用非结构化数据，通过全文数据库和全文检索系统软件实现文本的编辑、加工与检索。

随着Internet的迅速发展，数据库技术越来越倾向于与网络技术的结合。以电子期刊和电子图书的迅速发展为特征，其收录范围几乎囊括了所有的印刷型文献类型。如世界上最大的科技出版公司Elsevier从20世纪70年代开始尝试电子出版，至今有1 100多种全文电子期刊数据库通过WWW站点提供服务。中国学术期刊全文数据库提供国内6 100余种全文期刊服务，超星数字图书馆提供种800 000多种，数百万册的电子图书馆。

随着电子出版物的增加，数据库提供商都开始建立自己的网站，使数据库通过网络提供信息服务。信息机构之间相互协作，在索引和文摘数据库里整合了大量的原始服务，使他们的信息服务范围由提供二次文献扩大到一步到位的全文电子刊物检索服务，从而满足了网络环境下的信息用户需要在网络上获得最终的信息内容，而不仅仅是获取信息的线索的要求。用户可以通过网络检索、查阅所需信息，通过电子邮件直接获得原文服务。如OCLC的联机服务，不仅提供世界范围图书馆的馆藏信息，还提供了大量的原始文献链接，通过网络直接获取原文。

随着多媒体技术的发展，多媒体电子出版物获得了迅速发展，如各类科技教育光盘、影视光盘、电子课件等。网上图书馆收集了大量的音像电子资源，这些资源的管理不能采用传统的关系型数据库管理技术。因此，采用面向对象数据库技术解决多媒体资源的管理问题，代表着文献资源管理的又一个新阶段。

二、电子文献的其他组织方式

在网络信息组织中，除了采用数据库技术外，超媒体技术也得到广泛应用。超媒体技术是超文本技术和多媒体技术的结合，它将文字、表格、声音、图像、视频等多媒体信息以超文本方式组织起来，使人们通过高度链接的网络结构在各种信息库中进行查找。它符合人们思维联想和跳跃性的习惯，可以通过浏览方式搜寻所需信息，避免了检索语言的复杂性。但是当超媒体网络结构过于复杂时，用户容易迷失方向，因此现代网络信息资源的组织最好采用数据库技术和超媒体技术的结合。

按文件方式组织的网络信息资源简单方便，但是以文件为单位共享和传输信息会使网络负载越来越大，而且当信息结构比较复杂时，文件系统难以实现有效的控制和管理，因此在网络信息资源组织中使用较少。主题树方式是将信息资源按照某种事先确定的分类体系逐层加以组织，利用 HTML 语言通过 Web 浏览器显示给用户。该方式具有严密的系统性和良好的可扩充性，具有结构清晰、使用方便等优点，适宜于建立专业性的网络资源体系。对于按主题树方式组织的信息资源，一般采用分类浏览方式检索，用户先通过浏览的方式层层浏览，直到浏览到所需的信息线索，再通过信息线索链接到相应的网络信息资源上。如搜索引擎 yahoo 提供的分类浏览检索就是采用主题树方式进行信息资源组织的。

第二节　图书馆电子文献的主要类型

电子文献资源从早期的书目信息，发展到后来的全文本信息，到今天的网络与多媒体信息，经过了 30 多年的发展，形成了一个内容丰富、种类繁多、规模巨大的信息集合，成为整个信息系统中重要的文献类型。网上图书馆所拥有的电子文献资源主要类型有：文献数据库、网络资源以及各种多媒体资源。

一、文献数据库的类型

文献数据库，是以各类文献信息为收录对象的数据库，它根据数据库的服务目的，确定信息采集的范围和标准，通过采集、分类、标引、著录等一系列加工形成的有序信息集合。按不同的划分标准，文献数据库可以分成不同的类型：

1. 按数据库存储方式分

有光盘数据库和联机数据库。存储在光盘介质上提供服务的数据库称为光盘数据库，大多数图书馆都收藏有大量的光盘数据库，如常用的美国《化学文摘》、《工程索引》光盘等。

存储在异地磁盘或硬盘上提供网络服务的数据库称为网络数据库（或联机数据库），如著名的 DIALOG、STN 等联机检索系统提供很多数据库的联机检索服务。

2. 按数据库记录的内容分

有题录型数据库和全文数据库。题录数据库是采用关系数据库结构，存储文献的题录信息，如文摘数据库、篇名数据库、目次页数据库等。文摘数据库记录中除了题录信息外，还有以字段方式存储在数据库中的文摘信息。

文摘索引数据库主要是简要的通报有关领域特定时期内发表的文章，供人们查阅与检索。它提供确定的文献来源信息，能准确记录原始文献信息，但不提供原始文献的收藏地点。

全文数据库是存储文献全文或其中主要部分，以一次文献的形式直接提供文献的源数据库。通常将经典著作、法律条文、科技期刊、新闻报道、百科全书、手册、年鉴以及其他重要文献的全部文字或主要文字转换成机读数据。用户可以从中检索出所需的文献。全文数据库分为文献、篇、段、句、字的结构层次。全文数据库的结构可以是结构化的关系数据库，也可以是非结构化的文档数据库等。全文数据库一般支持文章中的任意字词查找、逻辑运算、比较运算、位置运算等检索方法。

3. 按数据库的来源分

有内部数据库和外部数据库。

内部数据库是经过数字化的图书馆馆藏资源，图书馆拥有数据库的所有权；外部数据库是从数据库提供商购买的数据库。随着网络上信息资源越来越多，信息流量越来越大，对于一些使用量比较大的数据库，图书馆可以购买所有权，一般采用在图书馆建立镜像站点方式，将数据库信息存储在图书馆服务器的磁盘阵列内，供图书馆用户检索。有的数据库存储在异地计算机上，图书馆只能购买使用权，用户可以通过联机检索方式访问数据库。

4. 按数据库收集的文献类型分

有综合型数据库、图书数据库、期刊数据库、专利数据库、标准数据库、学位论文数据库、会议论文数据库等。

图书馆的文献数据库有联机馆藏目录、电子图书、电子期刊、电子报纸、光盘数据库、网络数据库等。联机馆藏书目数据库，又称“机读目录”，是采用关系数据库，将图书馆收藏的印刷型及其他各类载体文献以相应的电子化书目信息记录组织成联机目录数据库投入网络，在图书馆主页上免费提供给网络用户访问。它既是一般用户查找文献的工具，又是图书馆的业务管理工具。它所报道的数据内容详细，除描述文献本身外，还有许多附加信息，如业务加工信息、管理信息、馆藏信息等，记录格式比较统一。如馆藏书目信息、中外文期刊联合目录信息。电子图书，是随着文献数字化转化技术的成熟发展起来的，现在已成为网上图书馆的一种重要文献源。对于存储少量电子图书的站点服务器，一般采用列表方式组织；对于存储大量的电子图书的站点，为了便于多途径检索，则需要采用数据库技术。如超星数字图书馆、中国数字图书馆等都拥有数百万册电子图书。电子期刊，在 Internet 上，已有万余种电子期刊通过网络服务。网上图书馆的电子期刊主要是数据库提供商提供的电子期刊数据库，如中国期刊网、万方数字化期刊等。

二、网络电子资源指南

在网络上存储和流动着极其丰富的信息资源，网上图书馆可以有目的、有计划地收集网络信息形成自己的资源。由于网络信息复杂多样，受网络信息再组织与检索技术限制，在现阶段，图书馆多是以网络资源指南形式提供网络信息服务。网络资源指南是网上图书馆的一项重要服务内容。它是人工编制的、按一定的主题分类体系组织的等级排列的主题类目索引，通常有字顺排列法、地区排序法、学科主题排序法等。

1. CALIS 学科导航

由于网上信息内容丰富、分布广泛，所以信息的查找非常困难，由中国高等教育文献保障系统 CALIS 牵头组建的重点学科导航系统，根据各校重点学科建设的需要进行统筹规划和分工，对网上的电子资源（如学会组织、研究机构、研究进展报告、电子期刊论文、参考资料目录、专家学者主页等）按图书馆学的原理和方法进行收集、加工和整序，形成虚拟图书馆资源，提供用户浏览和查询。

2. ChIN 化学化工信息资源导航

ChIN 化学化工信息资源导航是由中国科学院化工冶金研究所计算机化学开放实验室建立和维护的。其内容包括：化学数据库、如何寻找物性数据、化学品及其制造商与供应商目录、化学软件、化学类电子会议、化学类电子刊物、各种化学会议信息、化学讨论组、专利信息、化学及科技新闻、图书信息、化学类机构与学术团体信息、职业安全等信息的链接。

ChIN 网页对绝大多数所链接的资源都建立了简介页，用户在联入远方节点前可先通过简介页了解资源的大致情况。另外，ChIN 网页全部内容的全文检索主要在简介页组成的信息库中进行，帮助用户更精确更快地定位到用户感兴趣的内容。

除此之外，很多图书馆馆员对网络信息资源进行了采集、加工、整理，放在图书馆主页上提供免费参考信息。例如，随着网络的普及，越来越多的综合型和专业型报纸在网上建立站点提供服务，图书馆采用网络资源列表方式，为读者网上读报提供导航，如国家图书馆整理提供的网上报刊资源列表采用地区排序法。

第三节　文献检索技术

一、数据库的检索方式

文献数据库系统提供的检索方式主要有分类浏览方式、索引词检索方式两种。全文数据库还提供全文检索方式。

1. 分类浏览方式

为了方便用户从分类角度检索，很多电子期刊系统提供了分类浏览检索途径。如万方数字化期刊系统允许用户按类浏览刊名；《中国期刊网》全文数据库可以按专题逐层浏览检索。

2. 索引词检索方式

由于数据库信息量非常大，分类浏览途径远远不能满足用户的检索要求。为提高检索准确性和速度，常常需要对一些常用字段建立索引。索引词检索就是按系统提供的索引字段，选择检索词进行检索。

3. 全文检索方式

在全文数据库中，通常对文献中出现的所有字按字（或词）来建立全文字（词）索引。用户检索时，系统通过全文倒排索引来确定用户输入的检索语词是否在文档中出现，以及出现的位置、频次等。全文检索是全文数据库中的一种重要检索方式。

二、数据库的检索技术

信息系统常用的检索技术有布尔逻辑检索、截词检索、限制检索、匹配规则等。

1. 布尔逻辑检索

布尔逻辑检索是构造检索表达式最基本、最简单的匹配模式。布尔检索通过布尔算符把一些具有简单概念的检索词组配成一个具有复杂概念的检索式，用以表达用户的检索需求。布尔逻辑算符有逻辑与（AND）、逻辑或（OR）、逻辑非（NOT）三种。

逻辑与（AND）可用“*”表示，用于交叉概念和限定关系的组配，可以缩小检索范围，有利于提高查准率。凡是使用 AND 的检索式，如 A AND B，A 和 B 两部分必须在同一记录或检索字段中同时出现才可以检出。

逻辑或（OR）可用“+”表示，用于并列关系的组配，可以扩大检索范围，防止漏检，有利于提高查全率。凡是用 OR 连接的检索词，如 A OR B，只要有任意一个检索词出现在记录或字段中，这篇文献就能被检出。

逻辑非（NOT）可用“-”表示，是一种排斥关系的组配，用于从原来的检索范围中排除不需要的概念或影响检索结果的概念。用 NOT 连接的检索式，如 A NOT B，表示从 A 的文献中去掉其中也含有 B 的文献记录。在使用逻辑非时，A 的范围要比 B 的范围广，否则会出现检索错误。

在检索式中，逻辑算符的优先顺序为 NOT，AND，OR，若有括号，先执行括号内检索式。我们可以用括号规定或改变检索式执行的顺序。

2. 截词检索

由于在西文文献中存在近义词、同一词根、单复数等词汇的变化，为防止对检索词的各种变化列举不全而形成漏检现象而提出了截词检索技术。它是布尔逻辑“或”的扩展，也是模糊检索功能的重要形式。截词检索技术是在检索式中用专门的截词符号表示检索词的某一部分可以有一定的变化，因此检索词的不变部分加上截词符号所代表的任何变化形式所构成的词汇都是合法检索词，检索结果中只要包含其中任意一个就满足检索要求。截词符号一般用“*”表示无限截断，即“*”代表一个或任意多个字符；用“?”表示有限截断，一个“?”代表一个任意字符，几个“?”就代表几个任意字符。

3. 限制检索

限制检索是一种附加检索条件，不能单独使用，必须与检索词检索配合使用。它是通过对文献出版日期、国别、语种、文献类型等对检索结果进行约束或压缩的方法，是布尔逻辑“与”的功能扩展，相当于检索词与限制检索条件的“与”运算，可以缩小检索范围，控制大量无用信息的输出。

4. 位置检索

位置检索是以记录中词与词之间特定位置关系为检索对象的运算，它指明检索记录中词的排列顺序和间隔距离，不依赖主题词表，而是用原文中的自由词进行检索。常用的位置算符有：WITH（W），NEAR（N）等。N 表示前后两词相邻，顺序可互换；W 表示前后两词相邻，词序不可颠倒。如在 N 后面加上数字，表示两个词之间允许的最多词数。位置检索弥补了有些提问检索式难以用逻辑算符准确表达的缺陷，避免了误检，提高了检索深度，常用于全文检索系统。

5. 匹配规则

文献检索的过程实际上就是检索词与文献记录的匹配过程。匹配规则用来指定检索词在记录中的匹配方式，包括前方一致、任意一致、精确一致三种方式。前方一致，就是检出检索项字段以检索词开头的所有记录。检索字段必须以检索词开头，可以与检索词完全一致，也可以比检索词内容更长。任意一致，就是检出检索项字段包含检索词的所有记录。检索字段只要含有检索词就可以检出，不论检索词出现在开头、中间还是末尾。精确（完全一致）检索，只检出检索项字段与检索词完全相同的记录。检索字段的信息内容、长度与检索词完全一致的才能检索出来。因此，对于同一个检索词，“任意一致”的检索结果最多，“精确一致”的检索结果最少。

三、检索式的构造方法

一般联机检索系统提供两种构造检索式的方法，一种是用标识符代表检索的字段，将标识符、检索词和操作符一起输入检索框；另一种是利用下拉菜单选择检索的索引和操作符，在检索框中输入检索词或词组。

利用索引选项或下拉菜单构造检索式，可以选择一个索引字段输入检索词检索，或者选择多个索引字段，用布尔算符“与”、“或”、“非”将几个检索框中的检索词组配起来进行检索。利用字段标识符构造检索式，检索式由索引标识符、检索词和逻辑算符组配而成。标识符，通常是两个缩写的字符，供计算机识别，代表一个检索字段，使用字段标识符的目的是对检索式加以限定，使检索词在固定字段出现，以便检索出准确的信息。

检索系统中常用的索引字段及其标识符主要有：Title（题名 TI），Author（著者 AU），Abstract（文摘 AB），Keywords（关键词 KW），Author Filiation（著者单位 AF），Subject（学科 SU），Conference（会议 CF），Corporate Author（团体著者 CA），Descriptor，Editor（编者 ED），Identifiers（标识词 ID），ISBN（国际标准书号 IB），ISSN（国际标准刊号 IS），Language（语种 LA），Patent Country（专利国 PC），Publication Type（出版类型 PT），Publication Year（出版年 PY），Publisher（出版者 PB），Report Number（报告号 RP），Standard Number（标准号 SN），Source（来源 SO）等。

在构造检索式时，标识符后面紧跟一个冒号和检索项，例：TI：machine language 表示在 Title 字段检索出含有“machine language”的信息。标识符后面紧跟一个“=”号和一个检索项，系统会将检索项作为一个整体进行检索。例如 TI = machine language 表示在 Title 字段检索出题名确切为“machine language”的信息。如果在多个字段检索同一个检索项，其检索式为：TI:，AB:，SU：machine language。检索词中有短语需要用引号括起来，检索式中优先检索的项目用括号括起来。

禁用词，是指在组配检索式时应避免使用的检索词或符号。通常禁用词为：介词如 about，after，as，at，by，for，from，in，of，on，to 等；代词如 that，this，it，he，her，his，which，you 等；副词如 al，any 等；冠词如 a，an，the 等；系动词或助动词如 be，do，has，had，have，is，are，was，were 等；连词如 and，or，with，but 等。

四、文献数据库的检索方法

1. 明确检索目的

读者的信息需求有显性需求和隐性需求两部分：显性需求是有明确的检索目标和选择标准；隐性需求是指用户对信息的需求是模糊的、潜在的，只有在特定环境下，才能激发出强烈的、明确的信息需求，转化为显形性信息需求。查找文献时，用户必须对自己的需求进行具体的分析，将显性信息需求具体化、规范化，从而初步制定出检索策略。

2. 选择合适的数据库

根据对检索目标分析的结果，选择合适的数据库是非常重要的。因此，我们需要了解各个数据库的名称、收录范围以及检索途径。网上图书馆主页提供了大量的网络数据库和光盘数据库链接，有丰富的内容介绍和使用说明，供读者选择与利用。这是读者熟悉馆藏与服务、选择数据库的最有效的途径。

3. 选择检索途径，构造检索式

在所选数据库中，首先确定要检索的文献类型、语种、时间范围；然后，根据所需文献的内部特征和外部特征，选择检索词和检索途径，制定检索策略，进行检索。

4. 分析检索结果

对检索结果进行分析判断，选出合适的文献，获取原文。一般情况下，用户的隐性信息需求在检索过程中不断地明朗化，转变为显性需求。这时，用户可以根据前面的检索结果，重新选择检索词，进一步调整检索策略，开始新的检索。最后，根据检索到的文献线索，获取原文。

在现代图书馆中，电子资源占据着重要地位，读者要利用好图书馆，就必须掌握数据库文献检索的方法。为了使读者增强对图书馆资源的了解，掌握信息资源的检索与利用方法，在后面分别介绍各种资源的利用方法与技巧。

第六章　公共联机目录检索

在现代图书馆中，文献著录采用了标准化的 MARC 机读目录格式，用联机目录代替了（或部分代替了）传统的卡片目录。传统图书馆文献的查找是通过卡片目录来完成的，而网上图书馆，文献的查找则要通过机读目录来进行。机读目录是网络化运行的生命，它一方面提高了文献著录的数据质量，为图书馆自动化、网络化发展提供了必要条件；另一方面它又是文献资源共享的基本要求，有利于开展各种编目合作，为联机编目奠定基础。

公共联机目录（OPAC）是采用标准的机读目录交换格式，在计算机存储设备上合理存放的相互关联的数据集合。公共联机目录从 20 世纪 60 年代中期开始研制，到 70 年代末已开始在图书馆少量出现，到 80 年代 OPAC 才在图书馆开始大量使用。早期的 OPAC 所包含的书目信息和检索点与卡片目录几乎完全相同，要求完全的对应匹配。后来，OPAC 则增加了许多检索功能，如关键词检索、布尔逻辑操作、浏览功能以及改进的联机帮助功能等。进入 90 年代以来，OPAC 不仅在检索、匹配以及输出结果的排序等方面都得到了较大的改善，而且通过 Internet 可以将各个图书馆建设的机读目录组合在一起，提供联合公共目录检索。

第一节　机读目录概述

一、机读目录的发展

机读目录，是一种机器可读目录（Machine Readable Catalogue），简称 MARC，以代码形式和特定结构记录在计算机存储装置中，使其成为计算机能够识别和阅读并可由计算机自动控制、处理和编辑输出的目录。MARC 最早产生于美国国会图书馆。早在 1961 年美国国会图书馆就开始图书馆自动化的设想，经过反复调查研究，终于在 1965 年 1 月产生了《标准机器能读目录款式的建议》，即 MARC－I 格式。到 1966 年 11 月，美国国会图书馆就输入 5 万条书目向参加试验的 16 个馆发送机读目录磁带。后来经过多次试用修改，于 1969 年 3 月向全国发行 MARC－Ⅱ格式（称为 USMARC 或 LCMARC）的机读目录磁带。从此机读目录 MARC 作为一种新的工具，在文献编目与书目数据交换中起着重要作用。1977 年国际图联推出了适用于国际交换的《国际机读目录格式》（UMIMARC）第一版，1980 年 2 月再版。

我国机读目录研制始于 20 世纪 70 年代，1982 年中国标准总局通过并颁布了由全国文献工作标准化委员会负责起草的《文献目录信息交换用磁带格式》（GB 2901－82），1991 年《中国机读目录通信格式》（CNMARC）由书目文献出版社正式出版。

二、机读目录的构成

机读目录是我们在图书馆检索馆藏目录的主要途径，因此，初步了解机读目录的构成将有利于提高机读目录的使用技巧。

机读目录由一条条记录组成，每一条记录描述某一种或某一件文献实体本身固有信息和相关信息的集合。记录相当于卡片目录中的款目，是一个著录单位文献所有信息特征（包括内容特征和形式特征）的详细记录，每一种著录单位文献都是一条记录。

记录由若干个字段组成，字段相当于卡片目录中的“著录事项”，记录一个著录单位文献的某一方面的特征信息，所有字段之和构成一条记录。字段又由若干个子字段组成，子字段相当于卡片目录中的“著录小项”，记录文献在某一方面的某一具体特征信息，所有相关的子字段构成一个字段。

一条普通中文图书的 MARC 著录功能块主要包括以下几部分：

头标区：头标区的大部分内容由计算机系统自动控制。如记录长度、指示符长度、子字段标志符长度、数据基地址、记录附加定义以及地址目次结构。

标识块：CNMARC 格式将标识文献的代码及相关说明定义在标识块字段，包括记录控制号、记录处理时间标识、国际标准书号、源记录标识号、统一书刊号、书刊订购号、标准号。

编码信息块：采用固定长度记录编码数据元素，包括通用处理数据、著作语种、出版或制作国别、专著和文字资料形态特征编码数据字段。

著录信息块：包括附注块和文献标准号以外的 ISBD 所规定的全部著录信息，包括题名与责任说明、版本说明、出版发行项、载体形态项、丛编项。

附注块：它是对题名与责任说明项、版本项、载体形态项、丛书项的补充说明。包括一般性附注、内容附注、提要、文摘或全文。款目连接块：它是数据记录之间的一种连接技术，揭示某文献与有关款目之间的关系。包括丛编、总集、分集字段。

相关题名块：它是记录除正题名外，经常出现在出版物实体上的与正题名有一定差异但又具有检索意义的其他题名。包括统一题名、并列题名、封面题名、书脊题名、其他题名、编目员补充的附加题名。

主题分析块：用来著录由词语或符号构成的不同系统的主题数据，它们从主题词和分类表中选取。包括个人名称主题、团体名称主题、题名主题、学科名称主题（普通主题）、地名主题、非控主题词（自由词）、其他分类法分类号、中国图书馆分类法分类号、中国科学院图书馆图书分类号。

知识责任块：包含对所编图书的知识内容创作负有某种责任形式的个人、团体机构和正式会议名称。包括个人名称（分为主要知识责任、等同知识责任和次要知识责任）、团体名称（分为主要知识责任、等同知识责任和次要知识责任）。

国际使用块：用来记录以上信息块之外的国际上要求一致的字段，包括记录来源字段、一般编目注记。

国内使用块：用来定义本国特殊需要使用的字段，一般著录馆藏信息如馆藏单位代码、登录号、复本数、条形码、索书号。

三、机读目录的优点

机读目录必须有相应的硬件和软件，才能输入、输出，具有如下几个优点：

1. 著录内容翔实

从机读目录的结构与著录内容可以看出，由于机读目录以计算机可读介质为载体，其记录的长度对计算机存取效率的影响微不足道，因此可以尽量完全地揭示文献的外部特征和内容特征。机读目录还可以显示馆藏文献数量、借阅情况、馆藏状态和地点等。

2. 检索途径多，检索速度快

由于采用计算机数据库管理技术，数据标准化程度高，一次输入，多次检索，检索途径多、速度快、检索效果好。

机读目录的检索途径要比卡片目录多，通常包括著者、题名、关键字、分类号、主题词、ISBN/ISSN、文献号、索书号、条码号等。而且，机读目录的检索性能要比卡片目录好，能够采用多个条件进行组合检索，提高查全率和查准率。

3. 具有多套目录功能

传统卡片目录按服务性质分为读者目录、公务目录。读者目录有题名目录、著者目录、分类目录以及主题目录四种，其中主题目录由于排检项多，只在少数馆使用。

联机目录的作用同传统卡片目录一样，一是揭示文献的内容特征和外表特征；二是为读者提供尽可能多的检索途径；三是指引功能，完整的参照体系可以使读者尽可能检全所需文献；四是提供馆藏信息；五是供图书馆内部工作使用。机读目录的检索点以参数形式定义，由计算机根据著录字段自动抽取，编目人员著录了什么就可以抽取什么作为检索点。采用机读目录中的一条记录可以生成书名、作者、分类、主题等多种款目，实现了传统图书馆多套卡片目录的全部功能。

4. 实现多个数据库同时检索

在图书馆文献加工过程中，不同类型的文献其收集、标引、加工、管理方式等均不同。由于机读目录适用范围广，可以用于标引图书、期刊、音像视听资料、标准、学位论文等多种类型的文献，形成不同的数据库。通过公共检索软件可以在同一界面下整合多个数据库，实现跨库检索。而且，由于机读目录具有标准化通信格式，不同图书馆的书目数据库可以相互交换，这一方面有利于开展联合编目，一家输入，多家利用，减少重复编目；另一方面可以实现网上联机检索，馆际互借，资源共享。

第二节　公共联机目录（OPAC）的检索方法

在现代图书馆中书库采用开架借阅，读者往往直接进入书库，按照书架架标类目号找到所需图书的架位，然后逐一浏览，最后选定所需图书。这种方式比较直观、简便，有时很容易就查找到自己最需要的文献。但是要想全面系统地查找文献，还需要使用公共联机目录进行全面检索，下面以国家图书馆的“联机公共目录馆藏查询”为例介绍其使用方法。

一、选择网上图书馆

所有 Internet 上的图书馆目录，我们都可以免费使用。但是联机目录只能检索文献的题录信息而不是全文信息，要阅读全文还需要通过借阅方式得到原始文献，因此网上图书馆的选择首先要考虑借阅的方便性，先选择自己能够方便地获取文献借阅权的图书馆。其次，考虑数据库的质量，优先选择数据完整和质量高的数据库。

二、明确检索目标

利用联机目录我们可以检索网上图书馆的图书目录、期刊目录、学位论文目录等等。在检索之前，应先分析检索目标，明确检索文献的类型、年限、语种等。

三、登录公共联机检索系统

网上图书馆的网址，可以通过搜索引擎查找，或通过网站的资源列表获得网址。读者直接通过图书馆主页进入“联机公共书目查询”页面。如果在馆内目录检索终端上检索，一般开机后自动进入“联机公共书目查询系统”栏目，如图6－1所示。

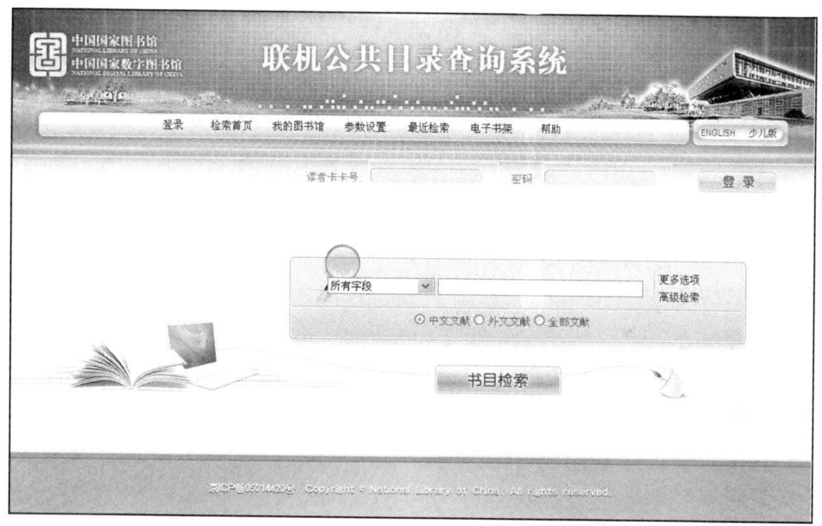

图6－1 国家图书馆公共目录查询系统界面

“联机公共目录查询系统”页面是国家图书馆网上公共目录和馆藏流通状态查询的主页面，读者可对中文文献、外文文献、全部文献进行选择性的检索。在检索输入框右侧有“更多选项”、“高级检索”两个选项。如要对检索信息进一步的限定，可点击检索栏右侧的更多选项（如图6－2），可以对语言、年份、资料类型、馆藏地进行检索限制；也可以点击高级检索对检索信息进行多字段检索、多库检索、组合检索、通用命令语言检索、浏览、分类浏览等检索（如图6－3）。

图6－2　更多选项界面

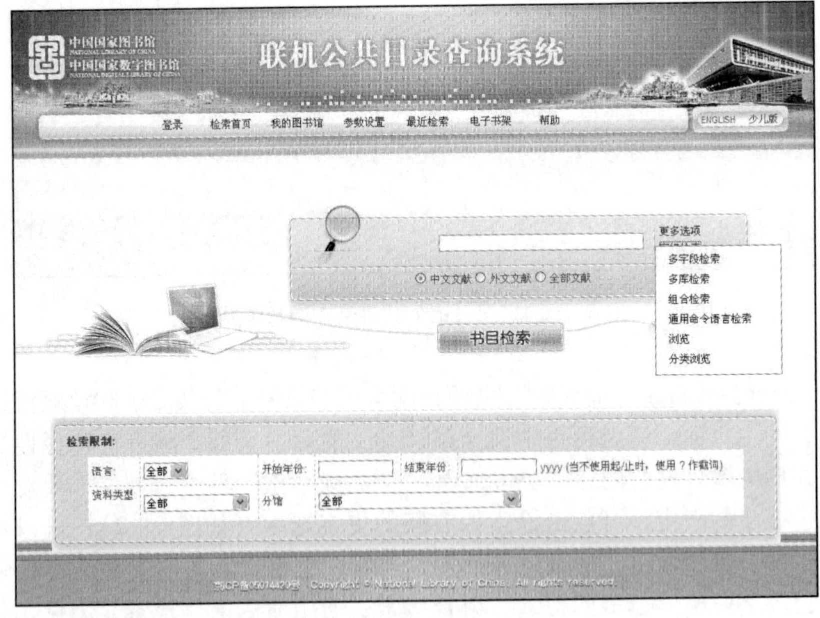

图6－3　高级检索界面

四、选择数据库

联机目录是图书馆自建的题录型数据库，由于图书馆自动化发展水平不同，联机目录的水平也有很大差异。有的联机公共目录检索系统将图书目录数据库和期刊目录数据库结合在一起，使用同一界面进行检索。有的联机目录是图书数据库和期刊数据库单独进行检索，图书数据库只能检索图书、标准、会议文献信息，期刊信息则通过期刊数据库查询浏览。一般图书馆实现计算机自动化管理后，没有将全部文献回溯建库，联机目录只能检索一部分馆藏目录，其他文献则需要通过卡片目录来检索。

检索库是按中文库、外文库、数据库的名称、数据库的类型、学科分类，进行选择。国家图书馆提供联机检索的中文库包含 350 个数据库。包括收藏在国家图书馆主书库（保存本库和基藏本库）中的 1975 年以后的中文图书，以及中文社科图书第一阅览室、中文社科图书第二阅览室和中文科技图书阅览室的图书的目录。这些图书的目录记录，目前已近 60 万条。外文库包含 350 个数据库。按数据库类型分为 12 类分别为：电子图书库共有 37 个数据子库，电子期刊共有 97 个数据子库，电子报纸共有 18 个数据子库，学位论文共有 5 个数据子库，会议论文共有 3 个数据子库，参考工具共有 23 个数据子库，专利标准共有 8 个数据子库，引文文摘共有 27 个数据子库，数值事实共有 60 个数据子库，特色资源共有 33 个数据子库，音视频共有 13 个数据子库，馆藏目录共有 22 数据子库。

五、选择检索项

检索时需要先选择文献类型数据库，然后按选择的检索项进行检索。检索项是系统提供的检索入口，“公共联机检索系统”提供的检索项包括：题名、著者、主题词、中图分类号、索取号、音像制品国际标准编码、国际标准书刊号、出版者、出版地、条码号等。

题名：系指书名或者刊名，包括正题名、副题名、丛编题名（丛书名）、统一题名、接续题名、识别题名等所有具有检索意义的题名。

著者：包括著者、编者、译者、改编者等多种责任者。著者可以是个人姓名，也可以是团体或会议名称，或是家族名称。

主题词：包括从主题和题名中抽出的有检索意义的，用以表达文献主题的规范化的词或词组。

中图分类号：中图分类号，是指采用《中国图书馆分类法》对科技文献进行主题分析，并依照文献内容的学科属性和特征，分门别类地组织文献，所获取的分类代号。

索取号：索取号由图书分类号＋著者代码号＋辅助区分号组成，具有唯一性，是图书排架的依据。包括中西文书刊的所有索取号。索书号的分类号与种次号之间用“/”分隔。

音像制品国际标准编码：大写字母“ISRC”是国际标准音像制品编码不可缺少的标志，国家码、出版者码、录制年码、记录码和记录项码是组成ISRC编码的5个数据段。各段之间以一个连字符“－”相隔。5个数据段的总长度为12个字符，是一种不带校验位的定长编码结构。

国际标准书刊号：包括国际标准书号ISBN和国际标准连续出版物号ISSN，这两种标准号数据中的“－”在输入时可以省略。

出版者：即出版社名称，当一种书刊由多个出版社联合出版时，任意一个均可查到。出版地：出版社所在的地区名称。出版国：包括西文书刊的出版者所在的国家名称。为提高检索精确度，系统还提供匹配规则、日期等限制条件。

条码号：条码号可由一组排列数字和一组信息的图形标示符；将宽度不等的多个黑条和空白，按照一定的编码规则排列，用以表达一组信息的图形标识符。

如果检索结果包含过多的同名书目和会议录等，可选择载体类型、出版年、语种、所检索字段等多种条件来限制检索结果。例如，欲查会议文献时，可以输入要查找的会议，名称可以点会议录左侧的小方框，出现一个对勾符号即可。会议录不能单独指定，必须与上面检索项配合使用，且为“与”关系。入藏日期，系统提供了近一个月、近两个月、近三个月、任意（入藏日期不限）四种选择。入藏日期不能单独进行检索，必须与其他检索项配合使用，且为“与”的关系。出版日期，点按下拉框右侧的箭头可选择出版日期的范围，以年为单位，出版日期也不能单独进行检索。

每页显示数，指检索命中后，每一浏览页面所显示的简要书目的数量。用户可以修改这个数量，但为了保证整个系统的效率，系统目前限制不能超过20。

六、书目检索

基本检索方式是用户任意选定一种检索项，在输入框中键入检索词即可进行检索。它是读者最常用的方法，简单直观，方便易用。系统提供书目检索有：中文文献、外文文献、全部文献可供读者检索选择。读者检索的内容属于中文文献范围，可选择中文文献选项；读者检索的内容属于外文文献，可选择外文文献选项；如果读者想检索中文和外文的所有文献可以选择全部文献。如果这样范围太大，书目检索还设有更多选项和高级检索两个选项。

更多选项主要是对书目检索的进一步限制。其中包括语言、开始年份、结束年份、资料类型、分馆等选项可供读者进行选择。检索限制中的语言限制，包括中文、英语、日语、德语、俄语、法语及全部语言可供读者进一步对检索语言进行限制。开始年份和结束年份可以对检索内容从时间上进行限定。资料类型有图书、报刊、音视频和电子资源、全部等选项，供读者选择。分馆有南区中文图书外借室、北区中文图书区、南区外文图书阅览室、北区中文期刊区、北区中文报纸区、艺术设计特藏资料室、南区台港图书阅览室、台湾期刊、南区博士论文文库、文献检索室、南区电子阅览室、音像资料库、南区缩微文献阅览室、南区善本阅览室、南区工具书阅览室、南区中国年鉴阅览室、南区中国少数民族语文文献阅览室、南区国际组织与外国政府出版物阅览室、南区敦煌吐鲁番资料阅览室、图书馆学资料室、法律参考阅览室、中国学文献专题阅览室、南区日本出版物文库阅览室、古籍馆普通古籍阅览室、古籍馆地方志家谱阅览室、方志馆地方文献第二阅览室、古籍馆中文图书阅览室、古籍馆中文报刊阅览室及全部，这 30 个选项给读者提供了更细节的检索信息。读者可以根据检索的需要选择适合自己的检索条件进行限定检索。检索结果显示区将满足检索要求的文献标题显示出来。

七、浏览检索结果

输入检索要求，并单击“检索”按钮，进入“浏览查询结果”页面。该页面给出按读者要求检索命中记录的简要数据，读者可以前后翻页浏览；也可以选择检索结果的排序，检索结果的格式。单击选中记录的蓝色题名，则进入该记录的卡片和其相关各册图书的借阅地点以及索书号等详细显示页面。

此外，系统还提供了超链接功能，可以查询该书或刊的流通状态、进行图书预约；可以按“题名”、“著者”、“主题词”和“相关分类”自动超链接检索。

八、二次检索

二次检索是在当前这次检索结果的文献范围内，再次输入检索条件进行查询的功能。在检索输入框中输入内容后，即可执行二次检索。二次检索也称“渐进检索”，它可以逐渐缩小文献范围，达到查询目标。二次检索可以分为两步：第一步，在新的检索条件下选择不同的布尔运算对检索结果集进行交叉检索；要缩小检索范围，选择 AND 或 NOT；要扩大检索范围，选择 OR。

第二步，选择要检索的字段，输入新的检索词。输入要检索的内容后单击【确定】，即可得到相应的检索结果。

九、文献借阅

根据联机目录检索结果，可以查看馆藏总数和借出数、抄记或打印选中图书的书名、索书号及馆藏地点。由于图书馆大部分书库都实行开架管理，读者可以直接去相应的书库借阅。

第七章 面向读者的图书馆自动化管理

图书馆自动化是指利用现代信息技术对图书馆的文献信息进行存储、加工、处理、传递、输出等自动化处理。现代信息技术包括计算机技术、高密度存储技术、通信技术、多媒体技术、数字技术等，其中计算机技术是图书馆自动化的核心。

图书馆自动化管理是通过图书馆自动化管理系统实现的。图书馆自动化管理系统是以计算机为主体，与其他图书馆现代化信息技术相结合，对图书馆工作的各个环节实行程序控制下的自动化管理，对文献信息实现快速查询与提供，从而实现资源共享的全过程。利用图书馆自动化管理系统可以让读者以最快的速度检索馆藏文献，解决了读者从大量馆藏文献中选择自己需要的一小部分文献所遇到的困难，并能快速完成文献借还手续。在本章里，仅就图书馆自动化管理系统中面向读者的部分做一个详细的介绍，以期对读者更有效地利用图书馆文献资源提供帮助。

第一节 读者管理

要想利用图书馆的文献资源，读者首先要办理图书馆的读者证。办理读者时，读者先到办证处填写一份读者登记表。出示有效证件（身份证、学生证等），并提供个人免冠照片一张，缴纳押金、注册费等。工作人员在图书馆自动化管理系统中，按读者登记表内容将读者的个人信息（包括姓名、年龄、身份证号、读者流通类型、文化程度、职称、专业、联系方式等）输入计算机，并为每位读者分配唯一的读者证号，发放读者证，同时也建立了读者库。

一般的图书馆自动化管理系统能通过读者的读者证号和姓名检索出读者的个人信息，以供查阅和修改。通过一些相应的参数设置，可以根据读者流通类型对读者的借阅权限，包括可借阅文献类型、可借次数、可借天数、可续借次数及可续借天数、读者证有效日期等进行限制。

图书馆自动化管理系统还可以进行读者注销、读者证挂失、读者验证、读者信息变更、读者证恢复、读者控制信息（有关超期、预约逾期不取的处罚变更等）进行处理。为了加强读者的管理，全面掌握读者的整体情况，读者管理还包括对读者的各种检查与统计。如检查读者累积过期次数、累积丢失文献次数、累积损坏文献次数、累积预约逾期不取书的次数、累积声明丢失文献次数等；按读者各个特征（读者流通类型、文化程度、职称、专业、年龄等）统计读者的人数与累积借阅数；统计借阅排行榜等。

读者凭读者阅览证不仅可以将馆藏文献借出馆外，也可以在馆内阅览，还可以享受图书馆提供的其他服务，如公共信息查询等。一般来说，图书馆的读者证都有一定的使用期限，到期后需要进行重新注册，即验证，否则将无法继续使用。当然，读者由于种种原因不想再利用图书馆的文献资源时，也可以退证。办理退证手续前，读者要还回所借全部文献，并缴清所有欠款，工作人员才能办理退证手续，收回读者证，退还读者押金，并在图书馆自动化管理系统一注销该读者的记录。

第二节　公共信息查询

公共信息查询是读者检索馆藏文献、检验图书馆各项业务工作、体现图书馆服务性的重要环节。它的基本类型包括文献信息查询、读者借阅查询和导读系统。一般在进入图书馆大门的醒目位置放置几台终端，供读者进行文献信息查询和读者借阅查询。通过导读系统，读者可以了解图书馆的概况，更好地利用图书馆的资源。

文献信息查询主要针对图书馆收藏的各种类型文献的馆藏信息进行查询，从文献的书目特征（如题名、责任者、主题等）出发，揭示文献是否入藏、在馆状态、复本量、馆藏地点、流通类型等信息，读者可以从这里查到所需要文献的索书号，然后到相应书库查找所需文献。

读者借阅查询是由读者本人查询自己借阅或预约文献的信息，对已借文献可进行续借，对已预约文献可取消预约。

导读系统主要是向读者宣传、介绍图书馆，详细说明本馆任务、机构设置、馆藏结构、办馆特色、开馆时间、借阅制度、办证制度、公共信息查询的使用等，特别注重的是藏书的分布。

读者最常用的查询类型是文献信息查询和读者借阅查询，目前大部分图书馆都已开通两项服务。本节我们仅就这两种类型的公共信息查询进行详尽的介绍，尤其是文献信息查询，我们将举例说明。

一、文献信息查询

图书馆的文献采访、编目、加工、典藏等基础业务工作的最终目的就是使这些馆藏文献能够为读者所利用，读者就是通过文献信息查询来检索馆藏文献，从而了解馆藏文献情况，确定自己所需文献的索书号及在馆状态，如有复本在馆则到相应书库中查阅，如无复本在馆则可以预约。图书馆自动化管理系统能为读者提供多种检索途径，使读者从多种角度了解馆藏文献情况，快速、准确、全面地检索馆藏文献，从而最大限度地满足读者的检索需求。

常用的文献查询方式有简单填空式、逻辑表达式、直接浏览式三种。读者检索的主要出发点是书目信息，由于常用的书目特征有限，所以采取填空方式确定书目特征对读者来说比较方便。一般选择题名、责任者、主题词、分类号、ISBN、出版社、出版年等作为填空项；逻辑表达式则适用较为复杂的检索，使用者一般是图书馆工作人员或经常检索的专业读者。灵活运用逻辑表达式能够提高检索的查准率，在命中文献可能较多的情况下，由计算机根据“组配”和“限定”可以很快缩小范围。直接浏览式一般从某一检索途径出发，直接检索其中的键值，以浏览方式揭示文献主要信息，确定某一或几个文献后再列出详细内容。

读者可以根据自己的检索需求，从ISBN号、题名、责任者、分类号、主题词、出版社等不同的检索途径出发进行检索。一般来说，题名、责任者、主题词是读者常用的检索途径。如果读者对图书馆所使用的分类法有所了解，那么从分类号角度检索馆藏文献也是一条不错的检索途径，它能告诉读者某一知识门类本馆都收藏了什么文献，并能显示学科之间的关系，为读者扩大查找文献的线索。

下面我们以河北科技大学图书馆ILIB系统的书目检索为例做一介绍。

首先进入河北科技大学的ILIB系统界面（如图7－1）。读者可在检索框中输入要检索的信息。检索键边上有更多条件选项，读者可以根据自己的需求对检索模式进行选择有前方一致、完全匹配、任意匹配；对每页的显示记录进行限定20、30、50、100；可对结果进行升序或降序排列；结果显示有详细显示和表格显示，选择馆藏地可以对借书地点进行选择。

1. 以题名作检索点

如果读者要检索某一特定题名（书名、刊名、篇名等）的文献，就要先选定题名作为检索途径，然后在检索式中输入检索键值（具体题名），再点击检索按钮，就可以检索到有关该题名文献的书目信息和馆藏信息，同时还能显示出该文献的不同版本的书目信息和馆藏信息。例如，一位读者要查找《自动控制理论与设计》，那么他首先要在检索窗口选定题名作为检索途径，然后在检索式中输入“自动控制理论与设计”九个字，点击检索按钮，屏幕

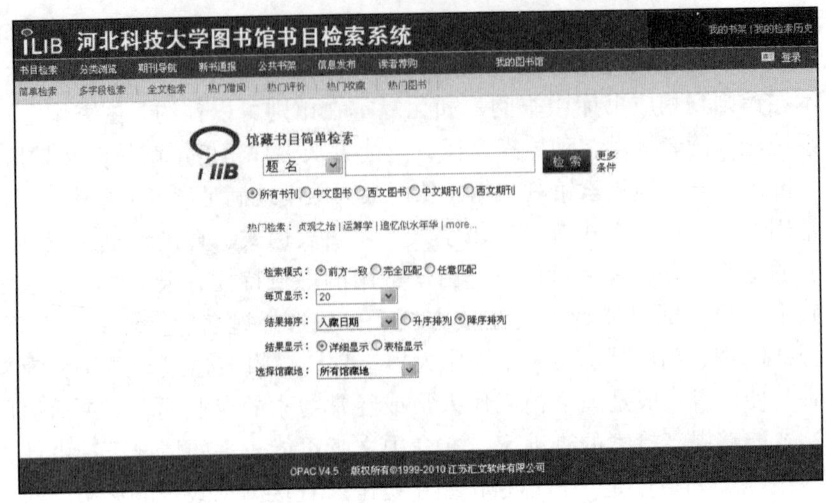

图 7－1　馆藏书目简单检索界面

上就会以目录形式显示出检索结果共 5 条（图 7－2）读者从检索结果中可知《自动控制理论与设计》这本书本馆是否收藏及收藏了哪些版本。选择第一条记录，双击后得到详细的书目信息、读者预约、机读格式（图 7－3）；其中书目信息上半部分是图书的详细信息，中部是借阅趋势图可以查看从 2003 年到 2013 年图书馆借阅曲线图；下半部分有索书号、条码号、馆藏地、书刊状态；读者通过这些书目信息可以确定读者所需要版本的索书号为“TP13/169－4”，通过书刊状态知道本书共有 5 册，其中库本馆藏共 4 册，书刊状态显示 1 册已借出，3 册为可借状态在馆可供借阅，阅览室馆藏 1 册仅供阅览；馆藏地点是新校区二层书库。

这样读者就可以直接去书库查阅了。点击读者预约选项，读者对想借阅的图书但不在馆的图书进行预约。点击机读格式可以显示出图书的机读格式（MARC）（如图 7－4）。

2. *以责任者作检索点*

如果读者要检索关于某一责任者（著者、编者、译者等）的文献本馆都收藏了哪些，就要选定责任者作为检索途径，然后在检索式中输入检索键值（责任者姓名），再点击检索按钮，就可以检索到有关该责任者的文献的全部馆藏情况。例如，一位读者要查找“徐薇莉”的著作，那么他首先要在检索窗口选定责任者作为检索途径，然后在检索式中输入“徐薇莉”三个字，点击检索按钮，屏幕上就会以详细形式显示出检索结果（图 7－5），通过这些

图 7-2 书目查询题名途径

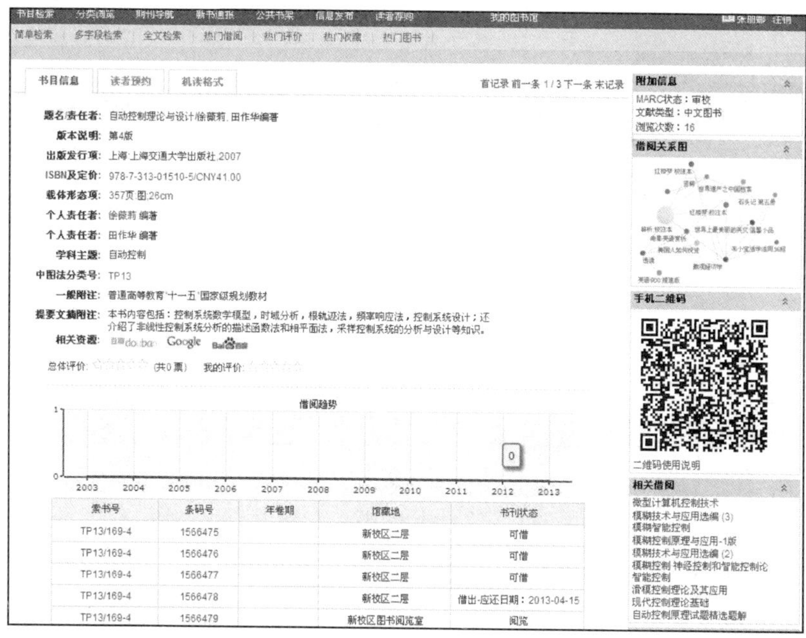

图 7-3 书目详细信息

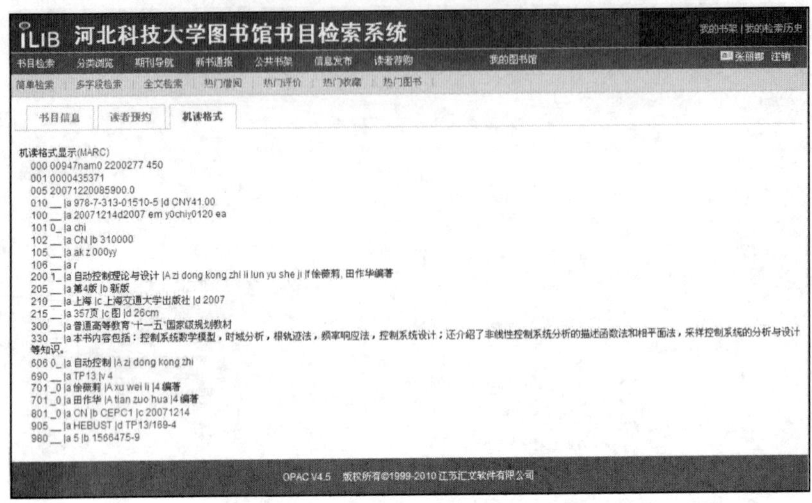

图 7－4　书目的机读格式

书目信息和馆藏信息，读者就可以知道本馆收藏了“徐薇莉”哪些著作，从中可以找到《自动控制理论与设计》这本书。由此可见，从责任者角度我们同样可以检索到所需文献。

图 7－5　书目查询著者途径

3. 以分类号作为检索点

如果读者要查找某一知识门类的文献本馆的收藏情况，那么他首先要对本馆所使用的分类法有所了解。目前，我国大部分图书馆都采用《中国图书馆分类法》，它由五个基本部类、二十二个大类组成，再在各大类下分出若干小类。一般图书馆自动化管理系统都为读者提供二十二个大类和二级类目的简表，供读者参考。读者在确认了正确的分类号后，再选择分类号作为检索途径，在检索式中输入检索键值（分类号），点击检索按钮，屏幕上就会详细显示出检索结果。例如，一个读者要了解有关“自动控制”方面的文献在本馆的收藏情况，首先读者要确认“自动控制”在《中国图书馆分类法》中的分类号为“TP13”，再在检索窗口选定分类号作为检索途径，然后在检索式中输入“TP13”这个类号，点击检索按钮，屏幕上就会以详细形式显示出检索结果（图7-6）。这就是读者所要查询的本馆有关“自动控制”方面文献的收藏情况，从中也可以找到《自动控制理论与设计》这本书。由此可见，从分类号这个途径我们同样可以检索到所需文献。

104. 控制工程基础TP13/175 — 中文图书
王积伟，吴振顺主编
高等教育出版社 2001
馆藏复本：5
可借复本：4

105. 模糊控制原理与应用-1版TP13/40 — 中文图书
诸静等著
机械工业出版 1998.4
馆藏复本：8
可借复本：5

106. 机械控制工程基础-1TP13/173 — 中文图书
朱骥北
机械工业出版社 1990.10
馆藏复本：6
可借复本：5

107. 模糊控制理论与系统原理-1TP13/92 — 中文图书
诸静编著
机械工业出版社 2005
馆藏复本：11
可借复本：8

108. 自动控制原理与设计TP13/172 — 中文图书
(美) Gene F. Franklin, J. David Powell, Abbas Emami-Naeini著
人民邮电出版社 2007
馆藏复本：2
可借复本：1

109. 自动控制原理：基本理论・例题详解・典型习题TP13/171 — 中文图书
主编张家桂，黄明键
国防工业出版社 2007
馆藏复本：5
可借复本：4

110. 自动控制理论与设计-第4版TP13/169-4 — 中文图书
徐薇莉，田作华编著
上海交通大学出版社 2007
馆藏复本：5
可借复本：3

111. 自动控制原理-第2版TP13/170-2 — 中文图书
王永骥，王金城，王敏主编
化学工业出版社 2007
馆藏复本：5
可借复本：4

112. 自动控制原理TP13/115 — 中文图书
薛安克，彭冬亮，陈雷亭编著
西安电子科技大学出版社 2004
馆藏复本：10
可借复本：8

113. 信息融合滤波理论及其应用TP13/168 — 中文图书
邓自立著
哈尔滨工业大学出版社 2007
馆藏复本：5
可借复本：4

图7-6　书目查询分类号途径

4. 以主题词作为检索点

如果读者要查询关于某一主题的文献本馆都收藏了哪些，那么他就要选择主题词（揭示文献主题内容特征的检索词）作为检索途径，然后在检索式中输入检索键值（主题词），再点击检索按钮，就可以检索到有关该主题的文献本馆的收藏情况。例如，一位读者要查找有关“自动控制”这个主题的文献，那么他首先要在检索窗口选定主题词作为检索途径，然后在检索式中输入“自动控制”四个字，点击检索按钮，屏幕上就会以表格形式显示出检索

结果（图7-7）。这就是读者所要查询的本馆有关“自动控制”这个主题的文献收藏情况，从中也可以找到《自动控制理论与设计》这本书。由此可见，从主题词角度我们同样可以检索到所需文献。

图7-7 书目查询主题词途径

5. 馆藏书目多字段检索

多字段检索一般选择题名、责任者、主题词、分类号，ISBN 号、出版社、出版年等作为填空项。这种检索方式简单明了，易学易用，读者只需在相应位置输入检索键值点击检索按钮即可显示检索结果。如果想缩小检索范围，提高检索效率，也可以同时在几个填空项输入相应的检索键值，点击检索按钮即可显示出同时满足这个几个条件的馆藏文献信息，例如，同时输入题名和责任者。如果你确定你所需要的是哪一种文献，那么你可以用题名、责任者，ISBN 号三个填空项中的一个或多个进行检索；如果你想要查找某一学科类别的文献或关于某一主题的文献，那么你可以用主题词或分类号进行检索。ILIB 系统以下拉菜单的形式给出了多种选择供读者浏览（如图7-8）；如果你只知道前面一部分题名而其他一无所知，那么你要用书名进行前方一致检索；如果你想查询某一出版社某一时间段出版了哪些文献，那么你可以同时用出版社和出版时间范围进行检索。总之，你可以根据你的检索需求灵活组配各填空项，从而快速、准确地检索出你所需要的文献信息。

图 7－8　馆藏书目多字段检索

这个检索方式的输出结果与前面所讲的直接浏览式的结果基本一致，也是先以列表形式显示检索结果，再选中其中任意一条记录，点击相应选项卡就可以显示该记录的卡片形式、机读目录格式书目数据和馆藏情况。这里就不再重复叙述具体检索过程，只以查找 2007 年出版的《自动控制理论与设计》一书为例给出具体结果图示（如图 7－9）。

二、读者书刊借阅查询

读者借阅查询是为读者提供的对本人借阅信息进行有限处理的窗口，读者可以查询自己借阅或预约文献的信息，也可自行对已借文献进行续借，对已预约文献取消预约。登录我的图书馆，读者只需输入自己的读者证号和密码，点击登录按钮，进入我的图书馆界面。我的图书馆内容很丰富，如有证件信息、书刊借阅、违章缴款、预约信息、委托信息等信息。点击书刊借阅，屏幕上就能以列表形式显示出该读者的全部借阅和预约文献的信息。读者通过查询可以知道有关最多可借数、现借数、累积借阅数、最多预约数、剩余预交款、欠罚款、可借书的类型（如社会科学图书、自然科学图书、文学图书、外文图书）等情况。在所借图书的列表中选中要续借的图书，点击该记

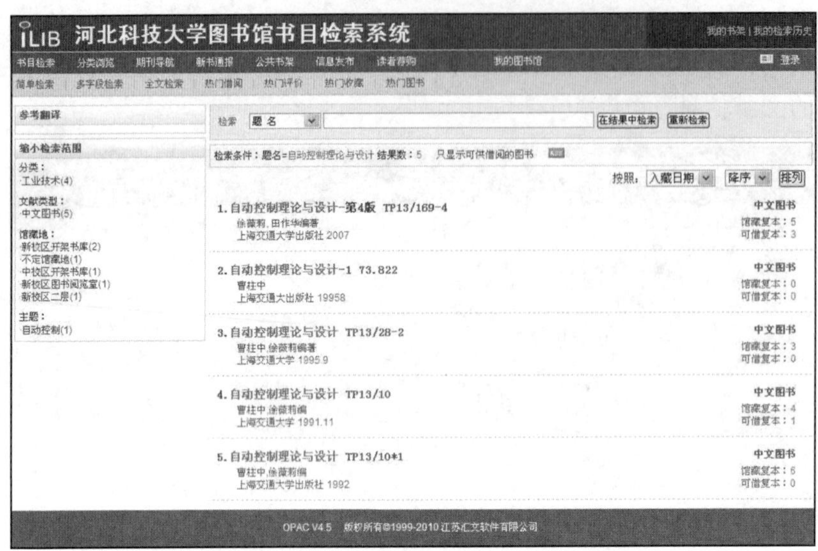

图 7－9 检索结果

录对应的续借按钮，读者就可以自己完成该书的续借手续，如图 7－10 所示，这时读者会发现还书日期已自动更新。

图 7－10 读者书刊续借

随着 Internet 的普及和图书馆自动化管理水平的不断提高，图书馆已能通过网络为读者提供服务。目前图书馆网站均提供 OPAC（联机公共查询目录）

和读者信息查询等服务，读者只要登录图书馆的网站，足不出户就可以进行公共信息查询，及时了解馆藏情况和自己的借阅情况，还可以进行文献的续借、预约及取消预约等，最大限度地方便了读者。

第三节　文献借阅

图书馆主要是通过馆藏文献的借阅为读者提供服务的，外借服务是图书馆传统的服务方法。图书馆为了满足读者的阅读需求，允许读者将馆藏文献借出馆外自由阅读、独自使用。由于这种方法极大地满足了读者可以集中时间阅读、利用馆藏文献的需求，因此它是读者最乐于采用、最受欢迎的方法。现代图书馆一般都实行开架或半开架借，读者拿到文献信息查询的结果后，就可以直接到相应书库中查阅文献了。当然，如果读者对本馆的藏书分布、分类体系、排架规则非常熟悉，也可以不经过查询直接到书库查阅文献。在书库入口处，读者通过刷借阅证通过门禁然后就可以进入书库查阅了。

进入书库后，读者首先要确认所要查阅的馆藏文献的排架位置。图书馆的每一册藏书均有相对固定的位置，藏书排列从左到右，先上后下，按书架为单元，横行排列。目前绝大多数图书馆都采用分类排架法，因为分类排架使同类或内容相近的书集中在一起，各书之间排列有内在联系，便于开架借阅。这种排架法是依据分类索书号为借阅和组织藏书的。分类索书号由排架分类号（即图书的主要分类号）、种次号和辅助区分号三部分组成，先按类别把藏书区分开来，同类图书通过种次号来固定它们的先后次序，但同一种图书往往还会有不同版本、不同译本、多卷册等，这就需要采用辅助区分号进一步区分，才能使同一馆内的每一种书都有其固定的号码——索书号。这样才能确保每一种书在架上有一个固定的位置。读者根据检索结果中的分类索书号，对照书库中的架端分类号标识找到相应书架，再根据种次号到书架上查找自己所需的图书。取书时先将归位卡插到所要查阅图书的位置，再取出图书浏览。如果不满意可将图书放回原位取出归位卡，继续查阅其他图书；如果确认是自己要借的图书则取回归位卡。正确使用图书归位卡可以避免图书乱架现象的发生，方便读者查阅。读者在书库中找到自己所需的图书后，就可以到借阅处办理借阅手续了。由于实现了计算机自动化管理，现代图书馆办理借阅图书的手续大大地简化了，速度也有了很大程度的提高，办理一本图书的借阅手续一般不超过 5 秒钟。这样既节省了读者的时间，又提高了馆藏的利用率。读者把要借的图书和自己的读者证一起交给工作人员，由工作人员在图书馆自动化管理系统流通子系统中进行借阅处理。

利用图书馆自动化管理系统进行借阅处理，首先是识别借书人是否是本馆读者及其读者证是否在有效期内；如果是则查明他可以借多少册书，借期多长以及当前是否可以借书（如当前读者的读者证已过有效期、有罚款未交清、借书量已满或有其他违章现象则不能再借书）；如果可以借，则做借出处理并计算出还书日期。我们仍以 ILIB 图书自动化管理系统为例对图书的借阅过程进行详尽的介绍。在 ILIB 图书馆自动化管理系统的流通子系统的流通事务窗口共有五个选项卡，可以分别进行借书管理、还书管理、续借管理、预约管理、智能流通、损坏处理等操作。

一、借出处理

办理借出手续时，工作人员先点击借书管理选项卡，将工作窗口切换到借书管理窗口，然后将读者的借阅证放到读卡器上，读者的基本信息（如读者证号、读者姓名、读者证有效日期、读者工作单位名称、读者证状态、欠款金额、可借图书数、现借图书数等）及读者当前借阅图书的列表（包括条码号、题名、责任者、索书号、馆藏地点、流通类型、借出日期、应还日期等信息）就显示在屏幕上了，并将光标定位在当前文献操作区的图书条码号的输入位置。在确认读者为本馆合法读者后，工作人员只需再扫描一下读者要借阅图书的条形码，这本图书的借阅手续就办完了。同时，当前处理文献的基本信息（如条码号、题名、索取号、价格、出版年等）就显示在当前文献操作区，读者当前借阅图书的列表也同时更新。在屏幕的下方是近期操作过程区，在这里所有流通处理过程被一一列出，每一次操作后都及时更新，供工作人员前后参照。完成借阅处理后，工作人员将图书与读者证一并交给读者，读者就可以携书离开了。另外读者和工作人员事先都应检查图书有无污损现象，如有应及早声明，由工作人员盖上图书污损章。下面我们给出读者借阅图书的屏幕实例（图 7 – 11）。

二、预约管理

读者在文献信息查询过程中，确定自己所需的文献本馆已收藏，但已被其他读者借出或文献仍是在编状态，或者由于文献排架出现差错读者无法找到，一时无法满足读者需求，那么读者可以预约借书。预约借书指的是读者向图书馆预约登记自己所需的文献，一旦所需文献入藏或别的读者将文献归还图书馆后，即按照预约登记的先后顺序通知读者到馆办理借阅手续的一种外借服务方法。这种方法在满足读者阅读需求、方便读者的同时，也对降低文献拒借率、提高馆藏文献的利用率有十分积极的作用。单卷书可按种预约，

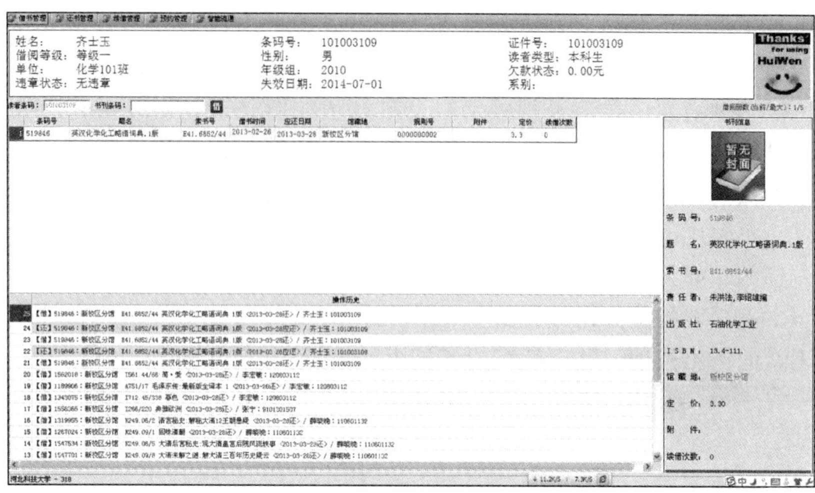

图 7－11　读者借阅处理

整套著录的多卷书和连续出版物可按册预约。对得到预约通知但逾期不取的读者则取消预约资格，转给下一预约读者或者入库。

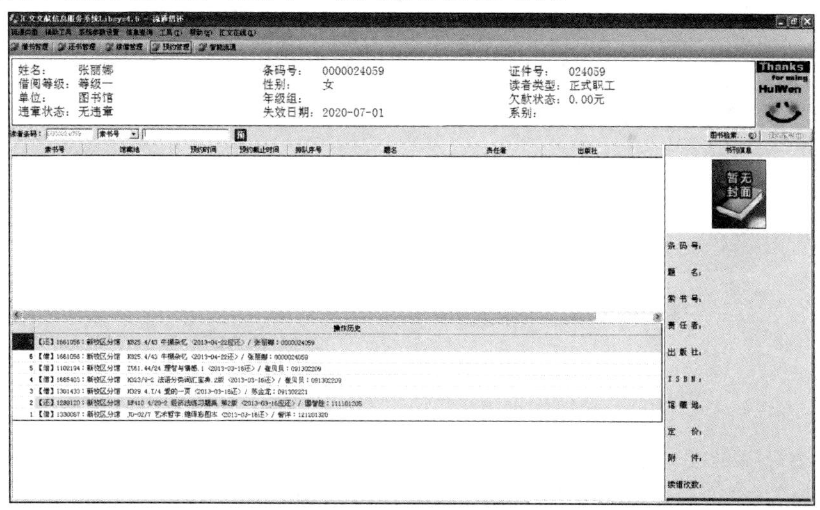

图 7－12　读者预约管理

三、图书续借

图书馆对外借图书的借阅期限都有严格的规定（一般时间不会太长），所借图书到了还书日期仍未看完怎么办？这时读者可以再去图书馆办理续借手续。一般可续借一次，每次一个月。图书续借可以按书续借，也可以按续借管理。按书续借需读者拿书到图书馆办理续借手续；按读者续借只需读者拿读者证到图书馆办理续借手续，工作人员只需用读卡器读出读者的信息，屏幕上就列出该读者所借的全部文献，可对其名下的任意一种到期图书办理续借手续。不管用哪种方法办理图书续借手续，都要先检查读者所要续借图书有无人预约，如无预约才能办理续借手续。可续借时，图书馆自动化管理系统按照本馆规定的续借还期计算方法和具体续借期限计算新的还书日期，再办理正常的借出处理，这样就完成了该书的续借。

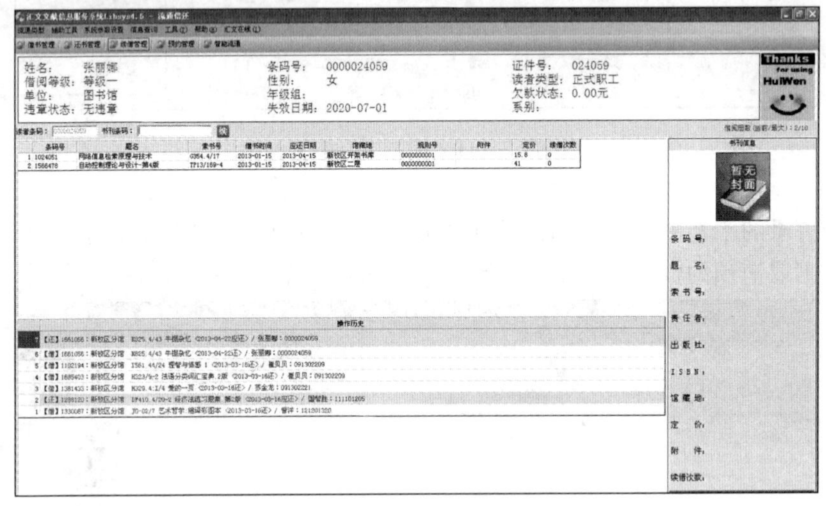

图 7－13　读者续借管理

第四节　文献还回

还书就是注销借书记录，并自动检查读者是逾期还书，如逾期则自动计算出罚款数额，如读者丢失图书则计算赔款数额，所有这些项目都记录在每个读者名下。

还书的手续比较简单，读者无需带读者证，只需携带所借图书到外借处，将图书交给工作人员，即可办理还书手续。工作人员首先会检查图书有无污损的地方，如有则向读者声明，进行污损处理，给予相应的罚款，系统会自动从押金中扣除，然后再进行还书处理。对于图书丢失的情况，读者千万不要以为书丢了就用不着去办理还书手续了。要知道只要没有注销借书记录，图书到期后，图书馆自动化管理系统就会日复一日地增加你的超期罚款，等你哪天再去借书时，就会发现你已经拥有了相当数额的超期罚款。所以，在发生图书丢失情况后，读者要及时到图书馆办理相应手续。丢书处理一般有两种方式，一种是新书赔偿的形式，即读者买到同一种书交给图书馆，由工作人员加工入藏投入流通。另一种是罚款形式，即由图书馆自动化管理系统根据丢失图书的出版年、是否是多卷书或连续出版物等情况确定罚款倍数及罚款金额，并自动从押金中扣除。

在ILIB图书馆自动化管理系统中，图书的丢失处理、污损处理都在流通管理的工作窗口，只需点击相应的选项卡就可以切换到相应的工作环境。下面是读者还书的屏幕实例。如（图7-14）。

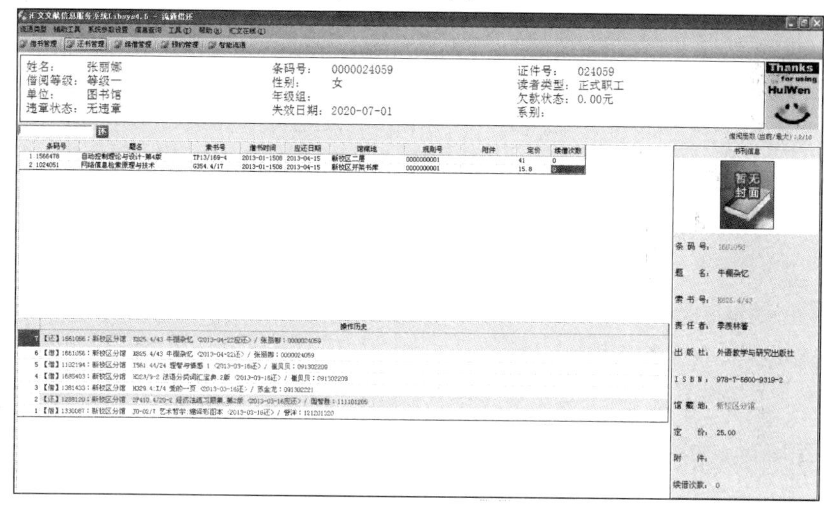

图7-14　读者还书管理

对读者而言，图书馆实现自动化管理后，简化了借阅手续，提高了服务效率。现代图书馆除了能满足读者的借阅需求外，还能为读者提供多种查询服务，如文献当前借阅查询、读者当前借阅查询、文献当前预约查询、读者当前预约查询、文献借阅史查询、读者借阅史查询、读者罚款事务查询、读者押金事务查询等。

参考文献

[1] 蔡莉静，姚新茹，顾玉青．现代图书馆入馆指南［M］．北京：海洋出版社，2003.

[2] 蔡莉静．科技信息检索教程［M］．北京：海洋出版社，2002.

[3] 施勇．图书馆学基础理论研究［J］．内蒙古科技与经济，2009（12）：113－115.

[4] 王子舟．建国六十年来中国的图书馆学研究［J］．图书情报知识，2011（1）：4－12，35.

[5] http：//lib. hebust. edu. cn/

[6] http：//opac. nlc. gov. cn/F